Ocke Bandixen

Der Wunderstürmer

Hilfe, ich habe einen Fußballstar gekauft!

Bisher erschienen:

Band 1: Hilfe, ich habe einen Fußballstar gekauft!

Band 2: Zwei Fußballstars sind besser als einer!

Band 3: Das geheime Trainingslager

Band 4: Der heimliche Spielertransfer

Band 5: Plötzlich Cheftrainer!

Band 6: Das Wunder von Hegenwald

OCKE BANDIXEN

DER WUNDERSTÜRMER

Hilfe, ich habe einen Fußballstar gekauft!

Band 1

Mit Illustrationen von Pascal Nöldner

Loewe

CLEMENS
• mein großer Bruder
• Verteidiger beim SC HEGENWALD
• hat krass lange Haare!!!
PAPA & MAMA
• Mama macht sich oft Sorgen
• sind aber eigentlich beide ganz cool
TIM (ICH)
• gutaussehend
• der Obercoolste
• manchmal etwas ungeschickt
MARTHA
• meine kleine Schwester
• noch echt klein!!
SCHEGENWALD
5

DIENSTAG - TAG 1

KAPITEL 1

Es begann damit, dass es am Anfang anfing. (Meine Lehrerin Frau Tau sagt immer, ich soll schneller zur Sache kommen), also: Mein Vater stieß also sein Bier um. Sein Handy wurde dabei ganz nass. Elfmeter. Kurz vor Schluss. Hand im Strafraum. Vom Wunderstürmer. Ausgerechnet.

Mavalli. Sergio Mavalli, der teuerste Spieler, den der FC Fortuna jemals hatte.

In der ersten Halbzeit hatte er gezaubert, mit dem Ball getanzt und zwei wunderbare Tore gemacht. Das zweite nach einem Einwurf von ihm (für den er berühmt war: Pass zurück auf Mavalli, Direktschuss, Tor. Wahnsinn). Für das 2:1 danach konnte er nichts. Danach war es ein bisschen langweilig geworden und ich bin eingenickt.

Aber jetzt: Hand von Mavalli. Elfmeter.

Die Flasche fiel um, es schepperte, mein Vater fluchte und ich wachte auf. Schatten, unsere Katze, auch.

Eigentlich darf ich, wenn Schule ist, höchstens die erste Halbzeit gucken. Heute war eine Ausnahme, weil schließlich das Halbfinale war. Dienstagabend. Ich durfte auf dem Sofa liegen und noch ein bisschen weiterschauen. Halbschlaf im Halbfinale, hatte mein Vater grinsend zu meiner Mutter gesagt und gedacht, dass ich vielleicht einschlafen würde. Den Ton hatte mein Vater deshalb abgestellt.

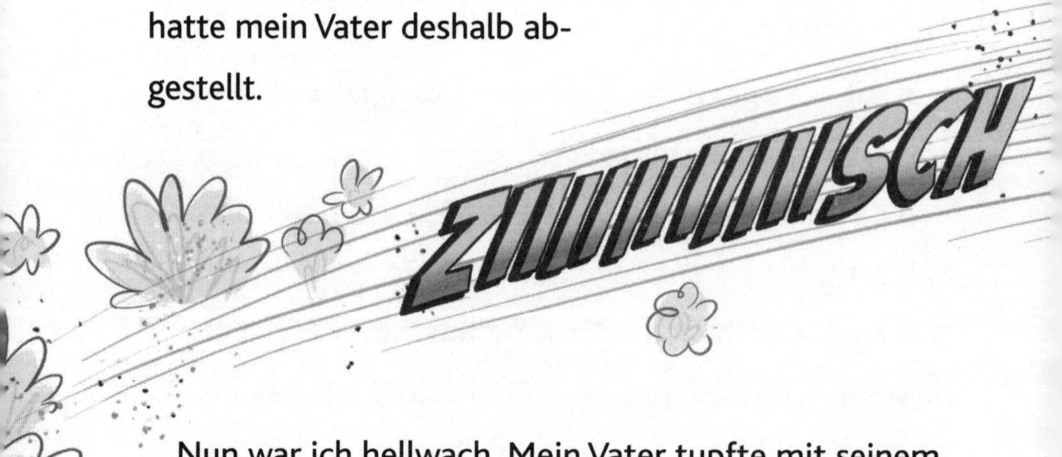

Nun war ich hellwach. Mein Vater tupfte mit seinem Taschentuch das verschüttete Bier auf. Das heißt: Er guckte weiter zum Fernseher und seine Hand tupfte ins Leere. Das Handy schwamm in der goldgelben Flüssigkeit.

Es war momentan aber auch spannend. Ich setzte mich auf. Sergio Mavalli, der italienische Wunderstürmer, der mit dem Handspiel, hielt sich die Augen zu. Ein gegnerischer Spieler vom AS International nahm den Ball und legte ihn auf den Elfmeterpunkt. Der Schiedsrichter trat einige Schritte zurück (als wolle er selber schießen) und nahm die Pfeife in den Mund.

Der Torwart reckte die Arme und blies die Wangen auf.

Der Elfmeterschütze nahm Anlauf (mehr als der Schiedsrichter). Schuss ... und Tor!

Ich blieb so lange wach, wie das Spiel dauerte. Der FC Fortuna verlor gegen den AS.

„Wie der SC Hegenwald immer. Keine Chance. So eine Gurkentruppe.“ Das sagte mein Vater mit leiser

Stimme, weil er mich nicht wecken wollte. Ich war aber wach geblieben.

Mavalli wirkte wie ein Luftballon ohne Luft. Er hatte nach dem Elfmeter zwar die Hände von den Augen genommen und spielte weiter, trotzdem war er nicht mehr der Alte.

Der Tanz war für heute zu Ende. In zwei Wochen würde es beim Rückspiel besser laufen, sagte mein Vater, und ich glaubte ihm.

MITTWOCH – TAG 2

KAPITEL 2

Konrad hatte das Spiel schon, wie immer. Konrad hatte immer alle Spiele auf dem Computer oder auf dem Handy. Ein eigenes Smartphone hatte er natürlich auch. Ein neues, versteht sich. Und das nervte ziemlich. Beides.

Gerade spielte er *Ball-im-Netz*.

Eine der guten Sachen an Konrad, meinem besten Freund, war: Wenn man mit ihm über Spiele redete, kannte er sich wirklich aus und er konnte einem viele Sachen zeigen. Und wir zockten öfter bei ihm zu Hause. Das machte dann wieder Spaß!

Bei *Ball-im-Netz* ging es darum, eine Mannschaft zusammenzustellen und gegen andere antreten zu lassen. Meine Mannschaft hieß *Juventus Hegenwald*. Erst wollte ich sie anders nennen: *Die Goldene Horde* (das klang schön wild) oder *Tim und die Struppis* (Tim, so heiße ich). Aber das wollte ich nur, weil Konrad so einen coolen Namen für seine Mannschaft hatte: *Konrads kickende Kompagnons* (Kompagnons – das ist ein anderes Wort für Geschäftspartner).

Gurkentruppe, das sagte mein Vater immer, wenn der FC Fortuna verlor. Deshalb wollte ich meine Mannschaft auch erst *Juventus Gurkentruppe* nennen. Das klang lustig, fand ich.

Papa nennt die Nationalmannschaft auch so, oder die Mannschaft von Clemens. Clemens ist mein älterer Bruder und er ist Verteidiger beim SC Hegenwald, unserem Sportverein (und er hat so lange Haare, die ihm immer vor dem Gesicht hängen, dass man gar nicht weiß, ob nur seine Haare da sind oder er selbst auch). Im Gegensatz zu Papa und mir spielte er gut Fußball. Ich sah manchmal zu, alleine oder zusammen mit Papa.

Konrad hatte mir gezeigt, wie das Spiel funktioniert: Man musste bei *Ball-im-Netz* wie ein Trainer arbeiten. Mannschaften zusammenstellen, neue Spieler kaufen, einwechseln und vieles mehr, wie in der richtigen Bundesliga. Die Mannschaften traten gegeneinander

JUVENTUS GURKENTRUPPE
KONRADS KICKENDE KOMPAGNONS
TIM UND DIE STRUPPIS
DIE GOLDENE HORDE
JUVENTUS HEGENWALD
SC HEGENWALD

an und man konnte als Trainer bestimmen, wie sie taktisch spielen sollten.

Das tat ich auch und bald stand meine Mannschaft beinahe so gut da wie Konrads.

Ich durfte am Tag eine halbe Stunde auf dem Handy meines Vaters spielen. Kein Wunder, dass Konrad besser war als ich. Er aß und schlief nicht einmal ohne sein Handy (das meines Vaters konnte ich nur nehmen, wenn er zu Hause war).

„Ein eigenes Handy ist einfach praktischer. Du solltest das deinen Eltern mal sagen!"

Konrad hatte gut reden. Gerade hatte er Cristiano Ronaldo neben Lionel Messi aufstellen lassen.

Ich musste gleichziehen. Ich kaufte Sergio Mavalli. Und damit veränderte sich alles. Alles! (Meine Lehrerin Frau Tau sagt, ich soll nicht immer alles doppelt sagen. Aber muss manchmal sein.)

Sergio Mavalli. Schon hatten wir den Salat. (Nein, das stimmt nicht ganz, den bekamen wir erst später. Wenig später, deshalb schnell weiter zum ...)

KAPITEL 3

Es klingelte an der Tür. Gut, das passierte manchmal. Wenn zum Beispiel Charlene vorbeikam. Charlene war die Freundin meiner Schwester Martha und wohnte gegenüber. (Also kam sie meistens ohne zu klingeln durch die Gartenpforte und klingelte gar nicht. Schlechtes Beispiel.) Martha hatte übrigens auch lange Haare, nur ich nicht. Meistens trug Martha aber Zöpfe, einen Pferdeschwanz oder Spangen. Manchmal stellte ich mir vor, Clemens würde seine Haare ebenfalls so tragen. Jedes Mal musste ich bei dem Gedanken laut loslachen.

Oder Marlene kam. Das war die Freundin von Clemens (ebenfalls lange Haare). Sie klingelte. Wir (also Familie Marksen) klingelten nicht, wenn wir nach Hause kamen. Wir wohnten ja schließlich dort (und hatten einen Schlüssel). Nur Martha nicht, die ist noch zu klein. Die klingelte aber auch nicht, die rief laut **„Mama"**, wenn sie reinwollte.

Heute klingelte es gleich mehrmals. Als ob jemand

sehr dringend mit einem von uns sprechen wollte. Oder aufs Klo musste. Auch das kam vor.

Es war kurz vor dem Abendbrot und ich war nicht ganz fertig mit den Hausaufgaben.

Mein großer Bruder war beim Training, mein Vater war nicht da. Meine Mutter rief: ***„Tim, kannst du mal aufmachen?"***

Ich öffnete.

Und dachte, mich trifft der Schlag.

Ein Gesicht. Ein Grinsen. Ein dunkler Lockenkopf. Eine Sporttasche.

Sergio Mavalli.

Ich machte die Tür wieder zu.

„Hallo?"

Sergio Mavalli.

Wahnsinn!

Oder ein Mann, der so aussah wie Sergio Mavalli, stand vor unserer Tür.

Der Mann klopfte gegen das Flurfenster, legte die Hand an die Stirn und die Stirn an die Scheibe, um besser sehen zu können.

Ich öffnete kurz und schaute raus.

Dann schloss ich die Tür wieder. Jetzt hatte ich Klarheit.

Ich war nicht verrückt. Es war Sergio Mavalli.

„Hallo!"

„Wer ist denn da, Tim?", rief meine Mutter von oben.

Ich war ein bisschen überfordert. Es fühlte sich an, als ob in meinem Kopf Blitze zuckten.

„Niemand. Klingelstreich!"

Jetzt öffnete ich die Tür erneut und sah Sergio Mavalli direkt ins Gesicht.

Er grinste dieses unglaubliche Sergio-Mavalli-Grinsen.

„Guten Tag, ich bin …"

„Ich weiß, wer Sie sind."

Einen Moment lang sahen wir uns an, dann machte

ich einen Schritt nach draußen, nahm den Schlüssel noch mit (wie gut, dass ich daran gedacht hatte!) und zog Mavalli am Ärmel an der Hauswand entlang. Auf der Straße startete ein Taxi, das offenbar die ganze Zeit gewartet hatte. Vielleicht weil Mavalli nicht sicher gewesen war, ob er jemand vorfinden würde. Aber ich war ja da. Das Taxi fuhr los.

„Wohin denn?"

Er meinte mich, nicht das Taxi.

„Können Sie bitte mal eben mitkommen? Und kein Wort, bitte. Hat Sie jemand gesehen?"

Er sah sich um und lächelte. **„Nein, aber man kann mich ruhig sehen. Ich bin Sergio Mavalli. Ich …"**

„Das weiß ich. Bitte einfach mitkommen!"

Ich zerrte ihn an der Regentonne vorbei zum Gartenhaus. Eigentlich war es mehr ein Geräteschuppen mit Fenstern. Opa hatte es mal als Häuschen gebaut, in dem man Kaffee trinken und Kuchen essen sollte. Allerdings waren zu viele Spinnen und zu viele Gartengeräte dort eingezogen, deswegen taten wir das nie.

„Haben Sie Angst vor Spinnen?" Ich stoppte. Gerade noch rechtzeitig war es mir eingefallen. Andererseits konnte ich auf so etwas jetzt keine Rücksicht nehmen. Schatten, unsere Katze, verschwand aus dem Häuschen, in das sie durch eine Katzenklappe hineinkonnte (auch auf sie konnte ich jetzt keine Rücksicht nehmen. Diese Klammer muss jetzt wieder zu. Meine Lehrerin Frau Tau hat gesagt: Klammern sowieso nur in Ausnahmefällen. Aber das hier ist ja wohl einer!).

Ich winkte ihn eilig weiter und er nahm seinen Rucksack und seine Tasche wieder auf.

„Was soll das eigentlich? Wenn ich fragen darf." Sergio Mavalli drehte sich zu mir um, als wir das Gartenhaus betreten hatten.

„Dürfen Sie. Aber erst, wenn ich gefragt und Sie geantwortet haben. Was machen Sie hier? Und", mir war die Frage gerade eingefallen, **„warum sprechen Sie eigentlich so gut Deutsch?"**

KAPITEL 4

Bald wusste ich, dass Sergio Mavalli so gut Deutsch konnte, weil seine Oma aus Wuppertal kam. Ich habe keine Ahnung, wo das liegt, doch es klingt nach Deutschland.

„Sie kann sehr gut kochen."

Ich sah ihn an.

„Meine Oma."

Langsam arbeitete mein Gehirn wieder. **„Schön, aber viel wichtiger: Was tun Sie hier?"**

Jetzt machte Sergio Mavalli ein erstauntes Gesicht. **„Ich bin hergeschickt worden."**

„Sie spielen doch beim FC Fortuna? In zwei Wochen ist das Rückspiel, davor Bundesliga am Wochenende, zweimal."

„Und am Dienstag ein Trainingsspiel im Chiemgau. Eigentlich. Aber jetzt bin ich ja hier."

„Was?"

„Da fällt das mit dem Chiemgau wohl aus."

Ich schaltete immer noch ziemlich langsam und brachte ein **„Aha"** zustande.

„Auf das Rückspiel hatte ich mich schon gefreut." Sergio Mavallis Lippen bewegten sich und er zählte an seinen Fingern ab. **„Ist in vierzehn Tagen."** Sagte Sergio Mavalli und lächelte sein umwerfendes Lächeln. **„Stark."**

Stark?

Er setzte sich zurück in den orangen Gartenstuhl und schien sehr zufrieden zu sein. Er begann zu pfeifen und leise zu singen: *O sole mio!* (Wir hatten das im Musikunterricht neulich.)

Ich machte ein paar hektische Bewegungen. **„Herr Mavalli!"**

„Sergio! Bitte Sergio für meine Freunde!"

„Also gut, Sergio. Noch einmal", ich versuchte, meiner Stimme eine bestimmte Schärfe zu geben (meine Mutter konnte das meisterhaft, vor allem, wenn es um Gemüse ging, das ich essen sollte, aber nicht wollte). **„Was machen Sie hier?"**

Sergio Mavalli kramte aus seiner Jackentasche einen

Zettel hervor. Er hob den Zeigefinger und las vor, was daraufstand. **„Juventus ..."**, er stockte. Und mein Herz setzte aus. Ich setzte mich besser.

„Juventus Hegenwald."

„Richtig." Sergio Mavalli grinste. **„Die haben mich gekauft. Ich spiele dort, wo man mich bezahlt. Und"**, er sah sich im Garten-Spinnenhaus um, **„hier bin ich."**

KAPITEL 5

Ich brauchte Zeit. Bedenkzeit. Zeit, um einen Plan zu machen. Zeit, um meinen Eltern alles zu erklären. Aber was wollte ich eigentlich sagen: Hört mal alle her, im Gartenhaus wohnt ab jetzt übrigens ein italienischer Weltklassespieler, den ich aus Versehen gekauft habe. Mit Papas Handy. Äh.

Zu all den Blitzen, die durch mein Hirn fuhren, kamen jetzt noch einige hinzu. Ich brauchte Zeit.

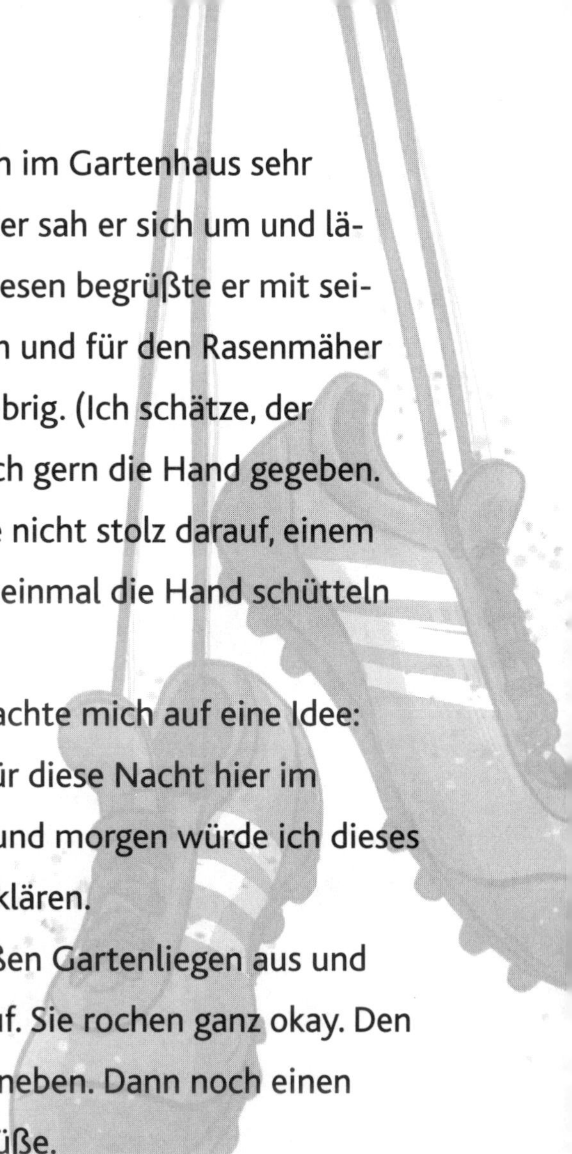

Sergio Mavalli schien sich im Gartenhaus sehr wohlzufühlen. Immer wieder sah er sich um und lächelte. Jede Harke, jeden Besen begrüßte er mit seinem unglaublichen Lächeln und für den Rasenmäher hatte er sogar eine Hand übrig. (Ich schätze, der Rasenmäher hätte ihm auch gern die Hand gegeben. Welcher Rasenmäher wäre nicht stolz darauf, einem Weltklassespieler wie ihm einmal die Hand schütteln zu dürfen?)

Seine Bescheidenheit brachte mich auf eine Idee: Ich würde Sergio Mavalli für diese Nacht hier im Gartenhaus unterbringen und morgen würde ich dieses ganze Missverständnis aufklären.

Ich klappte eine der großen Gartenliegen aus und legte ein paar Kissen darauf. Sie rochen ganz okay. Den kleinen Tisch rückte ich daneben. Dann noch einen Hocker, vielleicht für die Füße.

Sergio Mavalli sah mir interessiert zu und nickte bei jedem Garten-Möbelstück, das ich aufbaute.

„Ist nur für eine Nacht. Muss erst mal was anderes klären."

„Ist wie ein Camp hier, oder? Ein Trainingscamp. Finde ich toll. Ein bisschen Abenteuer. Wo sind die anderen Spieler?"

Die anderen Spieler?

Wie gesagt, ich brauchte Zeit.

KAPITEL 6

„Das ist wie ein Test, oder? Wenn man hier eine Nacht geschlafen hat, ist man drin in der Mannschaft, stimmt's?"

Ich nickte und vorsichtshalber sagte ich auch noch ***„Ja"***, so entschlossen ich konnte. Etwas Besseres war mir einfach nicht eingefallen.

„Genau, es ist eine Mutprobe. Die Kellertür ist offen, da können Sie aufs Klo gehen und Zähne putzen."

Ich nahm ihn beim Arm, führte ihn zur Tür und zeigte zur Kellertreppe.

„Huh! Und da lauern ein paar Gespenster, nicht?", Sergio Mavallis strahlend weiße Zähne konnte ich in der zunehmenden Dunkelheit immer noch sehen.

Sergio Mavalli legte den Kopf ein wenig schief. Dann wieder gerade. Lächeln. Schließlich veränderte sich sein Gesichtsausdruck.

„Ich hätte da eine Frage ...", er zögerte. *„Der Trainer, also der Chef ...?"* Er machte ein fragendes Gesicht, allerdings ein lächelndes.

„Der Trainer, ja." Ich schluckte und holte einmal tief Luft. *„Der Trainer von Juventus Hegenwald ... Das bin ich!"*

Pause. Also ich machte eine Pause. Sergio Mavalli nickte und schaute sich in unserem Gartenschuppen um, pfiff ein bisschen und überhaupt wirkte er sehr zufrieden. *„Chef!"*

„Tim." Ich streckte ihm noch einmal meine Hand hin.

„Chef Tim. Sehr wohl, Chef! Ich tue mein Bestes für den Verein, ich stelle mich ganz in den Dienst der Mannschaft, mein ganzes Können und meine Erfahrung, auch wenn ich wahrscheinlich der – nun

ja – bekannteste der vielen guten Spieler sein werde. Das bin ich schließlich gewohnt. Sie können sich darauf verlassen, Chef!"

Sergio Mavalli stand auf und irgendwie war es jetzt doch ziemlich komisch, denn er stieß beinahe gegen die alte Hängelampe aus meinem Kinderzimmer. Papa hatte sie nur deshalb aufgehängt, weil er keine andere gehabt hatte, als wir mit Opa zusammen den Schuppen im letzten Sommer aufgestellt hatten.

Außerdem wurde noch einmal deutlich: Sergio war groß und ich war es nicht. Ich musste jetzt doch ein bisschen kichern. Sergio fing auch an. Dann wurde ich wieder ernst.

„Gute Nacht."

„Gute Nacht, Chef! Ich freu mich sehr, jetzt hier zu sein. Auf die neuen Herausforderungen beim FC Hegenwald, meinem Verein."

Uff.

DONNERSTAG – TAG 3

KAPITEL 7

„Sergio Mavalli ist bei uns im Garten. Er macht Dehnübungen."

„April, April."

Mein Vater hatte am nächsten Morgen als Erster aus dem Fenster gesehen. Er war in unserer Familie bekannt für schlechte Witze.

„Nein, wirklich."

Mein Bruder, noch sehr verschlafen, sah ebenfalls aus dem Fenster. Nichts.

Mir wurde heiß. Wahrscheinlich machte Sergio Mavalli jetzt keine Dehnübungen mehr, sondern Liegestütze unter dem Küchenfenster.

„Da ist niemand."

Jetzt guckte meine Schwester raus. **„Doch, da ist einer."**

Ich stand auf. Leugnen half jetzt nichts mehr. Unsere Mutter kam zur Tür herein, die nassen Haare in ein Handtuch gewickelt.

Ich holte tief Luft.

„Papa hat recht. Da draußen im Garten …“,

ich musste einmal tief Luft holen, „... **das ist wirklich Sergio Mavalli!"**

Meine Mutter schrie als Erste. Sie zeigte zum Fenster, in dem jetzt das Gesicht von Sergio Mavalli erschienen war. Er lächelte sein berühmtes Lächeln. Meine Schwester schrie auch. Mein Vater ebenfalls, weil sie beide schrien.

Mein Bruder hob die Hände und rief laut: **„Der Wunderstürmer!"**

Man konnte (und das war inzwischen ziemlich selten) sein ganzes Gesicht sehen, die Haare waren nach hinten gefallen.

Ich fühlte mich, als ob ein Orkan bei uns in der Küche um meine Ohren pfiff.

„Morgen, Chef!"

Sergio Mavalli hob grüßend die Hand.

KAPITEL 8

Wir gingen alle gemeinsam in den Garten.

„Ich habe Sergio Mavalli gekauft. Bei Ball-im-Netz, der Handy-App. Versteht ihr?"

Kopfschütteln.

„Das Dumme ist, ich verstehe ja auch nicht, warum. Aber nun ist er auf einmal da."

Mein Vater betrachtete die zerschossenen Rosen unter dem Küchenfenster und schüttelte traurig den Kopf.

„Einfach so? Ich meine, das ist doch ein Handyspiel. Und dann kreuzt der hier auf? Da stimmt doch was nicht."

Diese weisen Worte sprach meine Mutter. Mein Bruder ging in langsamen Schritten immer wieder um Sergio Mavalli herum, der sich inzwischen nach den Liegestützen erhoben hatte. Clemens wollte sehen, ob er wirklich echt war. Sergio Mavalli genoss den komischen Schleichtanz, dem sich unsere kleine Schwester bald singend anschloss. Er genoss anscheinend auch unser aufgeregtes Gerede. Schließlich ging es um ihn. Er räusperte sich.

„Ich freue mich sehr, hier zu sein. So früh am Morgen schon Fans und Zuschauer. Freunde, sage ich am liebsten. Denn wir sind doch alle Freunde des Fußballs!"

Was redete der denn da? Ich sah wieder zu Mama. ***„Ich ruf bei dem Spiel an und dann müssen die ihn wieder zurücknehmen. Das geht ja sonst auch, oder?"***

„Wenn man den Kassenzettel noch hat." Das war Martha.

Kassenzettel? Ich hatte auf einmal ein Bild im Kopf, das Sergio Mavalli mit einem Preisschild am Ohr zeigte.

Der tanzte übrigens inzwischen mit, er drehte sich mit Clemens und Martha, manchmal sprang er sogar in die Luft!

Meine Eltern nickten. Mein Vater schlug allerdings kurz darauf die Hände an den Kopf, ihm war etwas eingefallen.

„Moment mal. Wie hast du ihn eigentlich bezahlt?"

„Mit meinem Ball-im-Netz-Konto. Da verdient man Geld und kann es ausgeben."

„Bist du sicher, dass du nicht – aus Versehen – von einem richtigen Konto Geld genommen hast?"

Es kribbelte auf einmal unangenehm. Ich würgte die Frage hervor, an Sergio Mavalli gewandt: **„Welchen Marktwert haben Sie denn so im Moment?"**

Er lächelte, bis alle ihn ansahen, auch Martha und Clemens, die ihren merkwürdigen Tanz beendet hatten. Sergio Mavalli machte eine wegwerfende Handbewegung. **„30 Millionen."**

„Junge!"

„Tim."

„Richard." (So heißt mein Vater, und wenn meine Mutter ihn so nennt, dann wissen wir, dass es wirklich ernst ist.)

„Sergio Mavalli."

KAPITEL 9

Der Weltklassestürmer strahlte meine Eltern an.

„Gut. Frühstück im Mannschaftsheim? Das alles erinnert mich an früher. Wie bei Oma im Schrebergarten, herrlich. Ein richtiger Rasen, Beete, Blumen." Er zeigte um sich herum und auf unser Haus. Mein Vater nickte langsam.

Ich versuchte ein Lächeln. **„Frühstück im Mannschaftsheim. Genau. In unserer Küche."**

„Und was steht auf dem Programm?" Sergio folgte mir, die anderen folgten mit einigem Abstand.

Programm?

Ach so: Er fragte, was er machen sollte.

„Äh, leichtes Training im Garten vielleicht?"

„Und danach Pflege der Trainingsanlage. Kein Problem." Sergio Mavalli nickte und betrachtete den Garten. Er machte ein sorgenvolles Gesicht: **„Es ist wirklich nicht alles im besten Zustand. Ich könnte den Rasen mähen und noch so einiges mehr."**

„Nicht im besten Zustand?" Das war Papa.

„Gute Idee!", sagte ich sofort.

„Und harken, Laub sammeln. Ich bin mir dafür nicht zu schade. Kein Problem für Sergio Mavalli!"

„Ja, vielleicht ist das die beste Idee bis jetzt und heute Mittag sehen wir weiter." Das hatte meine Mutter gesagt.

Sergio strahlte. ***„Ein Verein wie eine Familie. Merkt man gleich!"***

Dann gab es doch Frühstück. Es war komisch. Wir sahen eigentlich alle nur Sergio Mavalli dabei zu, wie der sich eine unglaubliche Menge Müsli auffüllte und sich dazu drei (!) Bananen reinschnippelte. Papa guckte, die Kaffeetasse halb am Mund. Mama guckte und hielt ihren Teebecher ganz fest. Clemens, Martha und ich konnten kaum einen Löffel essen. Wir mussten gucken.

Nur Martha schaffte es, etwas zu sagen: ***„Mama, isst der Mann jetzt immer so viel bei uns?"***

Sergio Mavalli winkte aus dem Garten, als wir losfuhren.

Der Wunderstürmer. Bei uns zu Hause. Wahnsinn.

In der Schule habe ich alles versucht. Ich habe heimlich in der großen Pause mit Konrads Handy vom Jungsklo aus telefoniert (ein Ort, an dem ich mich sonst nur zwangsweise und nur so kurz wie nötig aufhalte).

Ich erreichte nichts. Bei *Ball-im-Netz* telefonierte ich mit einer freundlichen Frau, die sich mir als Evi vorgestellt hatte. Sie wollte mir nicht glauben. Ja, ich hatte bei meinem Konto Sergio Mavalli gekauft, sicher. Und richtig, ich hatte ihn aufgestellt für meinen Verein *Juventus Hegenwald*, das sei doch alles normal.

„Normal? Bei mir zu Hause ist gar nichts normal! Ein Weltklassestürmer im Garten, der die Trainingsanlage pflegt und Liegestütze macht!"

„Und, wie viele schafft er?"

Mir schien, sie erkannte nicht ganz den Ernst der Lage.

Evi sagte, ich hätte wohl zu viel Fantasie und sie

würde es ja ungern sagen, aber vielleicht sollte ich mal etwas weniger auf dem Computer oder Handy spielen. ***„Geh mal lieber raus und spiel Fußball!"***

„Genau das ist ja das Problem. Der ist nicht im Handy!"

Sie legte auf.

Ich hatte noch das Handy in der Hand, als ich aus dem Jungsklo kam. Mareike sah mich ... und sie sah das Handy ... und dass ich aus dem Jungsklo kam.

Mareike aus dem Theaterkurs, wo ich mitmachte, damit ich in Deutsch die Fünf ausgleichen kann.

Ich wollte ihr sagen, warum ich da herauskam, mit dem Handy in der Hand (sind in der Schule sowieso verboten). Überhaupt wollte ich gern mal mit ihr reden. Bei den Proben vom Theaterkurs ging das irgendwie nicht. Aber jetzt war es auch zu schwierig, denn sie war schon vorbeigegangen.

Zurück zum Wunderstürmer. Ich hatte Konrad in groben Zügen den Fall geschildert.

„Was? Du spinnst!"

„Nein, wirklich, der ist bei uns zu Hause!"

„Ja, sicher, und meine Oma spielt in der Nationalmannschaft."

„Heute Morgen hat er drei Bananen zu seinem Müsli gefrühstückt!"

„Das ist kein Beweis. Und was macht er jetzt?"

„Er wollte den Rasen mähen."

„Ihr lasst euch von ihm den Rasen mähen? Mann, wie viele Tore der in der Zeit schießen könnte!"

„Bei uns zu Hause?"

Konrad guckte mich plötzlich nicht mehr an, als sei ich ein alter Käse. „Das hast du mit dem Handy deines Vaters geschafft? Einfach so, bei Ball-im-Netz?"

„Sag ich doch. War ein Versehen."

„Cool." Konrad machte ein besonders wichtiges Gesicht. „Nachher versuche ich mal, Cristiano Ronaldo zu kaufen."

„Oder Messi!"

„Oder Dagur Dagurson vom AS International, der hat das zweite Tor geschossen." Konrad rückte seine Brille zurecht. „Aus Versehen!"

KAPITEL 10

Ich kam nach Hause und da hatten wir den Salat.

Kartoffelsalat. Mit Zwiebeln und Gürkchen. Dazu Würstchen aus der Vorratskammer, zwei waren geplatzt.

„Zwei sind leider geplatzt“, sagte Sergio Mavalli und zeigte in den Topf. Er hatte Mamas Schürze um, was komisch aussah, weil er darunter noch ein Trainingstrikot mit Stutzen trug. Die Fußballschuhe hatte er netterweise im Flur ausgezogen.

„Ich hab gekocht. Dachte, Kartoffelsalat und Würstchen, das geht immer. Hab ich bei Oma gelernt. Umrühren, fertig. Das mögen alle und außerdem kann ich nichts anderes!“

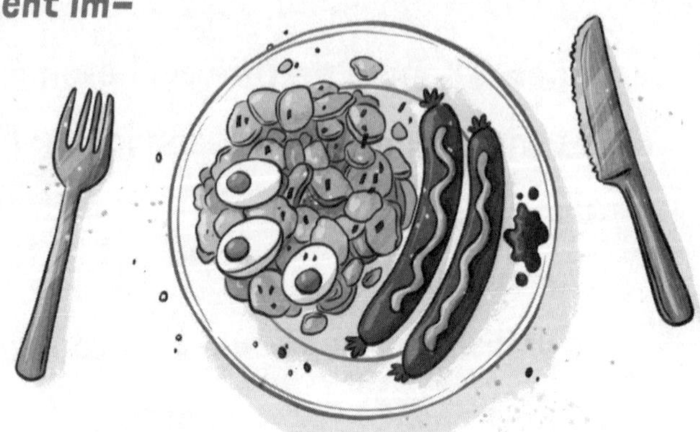

Mama war nicht so begeistert. Denn Sergio Mavalli hatte die Küche in einen umkämpften Strafraum wie bei einer Ecke kurz vor Schluss verwandelt. Alles lag und stand durcheinander: Dosen, Gurkengläser (wie viele hatte er denn bloß in den Salat geschüttet?), Salz, Öl und so weiter.

„Beim FC habe ich auch schon einmal gekocht. Da hatten wir so ein Trainingscamp in den Alpen. Jeder musste mal kochen und wir haben einen Wettkampf daraus gemacht. Ich habe gewonnen!"

Sergio Mavalli strahlte in seiner Schürze, er schwenkte einen großen Kochlöffel über dem Kopf, als hätte er den Weltmeisterpokal gewonnen.

Mein Vater würde erst abends von der Arbeit zurückkommen, mein Bruder hatte lange Schule. Aber Martha erschien kurz nach Mama und mir.

„Ich mag keinen Salat."

„Dann vielleicht ein Würstchen, das kleine Fräulein?", Sergio Mavalli hielt ihr wackelnd ein Würstchen unter die Nase.

„Nein."

„Wie bitte?"

„Nein, danke."

Der Salat schmeckte gut. Wir drei saßen um den Küchentisch herum, Martha war schmollend in ihr Zimmer gegangen. Mama lobte den Salat und Mavallis Einsatz.

„Der Kartoffelsalat ist ein Familienrezept."

„Aus Italien?"

„Nein, aus Wuppertal. Meine Oma wohnt dort. Sie macht den besten Kartoffelsalat der ganzen Bundesliga. Umrühren, fertig."

Nach dem Essen inspizierten wir den Garten. Sergio Mavalli ging stolz einen halben Schritt hinter uns. Er hatte auf dem Rasen Kreidemarkierungen und Stollenabdrücke hinterlassen: Am Rand vor dem Blumenbeet eine Aus-Linie, vor dem Gartentor einen Strafraum, in der Ecke zu Schulzens Garten eine Ecke. (Sogar eine kurze Fahne steckte darin. Die hatte er aus unserem Schneeschieber und einem Kissenbezug gebastelt.)

„Schön." Mama zwang sich zu einem Lächeln. **„Sie haben sich wirklich sehr viel Mühe gegeben."** Sergio Mavalli freute sich sichtlich.

Mama ging ein paar Schritte weiter und raunte mir zu: **„So geht das aber nicht weiter. Sonst werden wir morgen noch zum Training eingeteilt. Der muss wieder verschwinden."**

Ich nickte. Was hätte ich auch sonst tun sollen?

Ich versuchte erneut (diesmal nicht mit Konrads Handy auf dem Klo, sondern mit unserem Telefon), die nette Frau von *Ball-im-Netz*, Evi, zu erreichen. Leider vergeblich. Was hatte sie vorhin gesagt? Selbst Fußball spielen?

Eine gute Idee!

KAPITEL 11

Moment. Das Training der A-Jugend des SC Hegenwald, Clemens' Mannschaft, begann erst um fünf. Und bis dahin?

Wo war eigentlich mein Wunderstürmer?

Martha kam aus ihrem Zimmer nach unten und hielt ihren Finger vor die Lippen. Dann winkte sie, dass ich mitkommen sollte.

„Ich fühle mich gut, ich fühle mich fit und ich stehe meiner Mannschaft ab jetzt voll zur Verfügung. Der Medizincheck ist positiv verlaufen“, Sergio Mavalli lächelte eine Horde von Kuscheltieren und Puppen an, die er, vielleicht auch Martha oder beide zusammen, vor sich aufgebaut hatte. ***„Ich spiele, wenn der Trainer es will. Ich fühle mich sehr wohl in dem neuen Umfeld, ein Verein wie eine Familie, man fühlt sich sofort wohl hier. Man merkt, hier wird Fußball mit Herz gespielt. Aber nicht ich bin wichtig, die Mannschaft und das Ergebnis sind es!“*** Er sah uns und lächelte. **„Da kommt schon der Trainer. Vielleicht können Sie die Frage einfach direkt ihm stellen!"**

Ich weiß gar nicht, warum ich ein paar Schritte auf diesen offensichtlich komplett irren Weltklassestürmer zutrat, trotzdem tat ich es. Er reichte mir eine rosafarbene Haarbürste als Mikrofon.

„Was machst du hier?"

Er zwinkerte mir zu und flüsterte, als sollten die Kuscheltiere und Puppen es besser nicht hören: **„Interviewtraining. Kriegen wir doch alle. Früher haben immer so viele Unsinn geredet und jetzt werden wir auch im Reden trainiert. Ich war an diesem Wochenende für die Pressekonferenz für den FC Fortuna vorgesehen. Da hab ich eben weitergeübt."**

Ich nickte und reichte ihm die Haarbürste.

Sergio Mavalli beantwortete eine weitere Viertelstunde lang die Fragen der anwesenden Prinzessinnen und Häschen, Kuschelelefanten und glupschäugigen Zauberponys, bis er sich mit einem Lächeln von ihnen verabschiedete.

„Können wir jetzt gehen?"

KAPITEL 12

Ich gebe zu: Ich spiele nicht gut Fußball. Ich gucke nur gern. Eigentlich würde ich gern gut spielen, oder zumindest besser, aber sie haben mich nie so richtig mitmachen lassen, die Guten, die beim SC Hegenwald in meinem Jahrgang spielen. Ich hatte ziemlich schnell keine Lust mehr, so oft zum Training zu gehen.

Also: Ich bin kein Fußballer. Clemens schon. Es gibt nur zwei Sorten Spieler, hatte er mir erklärt: die Künstler und die Läufer. Er ist ein Läufer.

Sergio Mavalli war eindeutig ein Künstler. So viel stand fest.

Genau das wollte ich nutzen.

Um fünf fing die A-Jugend an zu trainieren. Mein Plan war, Sergio Mavalli einfach zu ihnen auf den Platz zu schicken und mitspielen zu lassen.

Der Trainer war mein Sportlehrer aus der Schule, Herr Harr (Uwe Harr, genannt Harr Harr – was er wiederum überhaupt nicht komisch fand). Dem wollte ich vom FC-Fortuna-Sonderpreis erzählen, einem Preisausschreiben, das ich gewonnen hatte, nämlich ein Training mit Sergio Mavalli. Der lächelte schon wieder. Wie konnte man eigentlich so viel lächeln, tat dem nie der Mund weh?

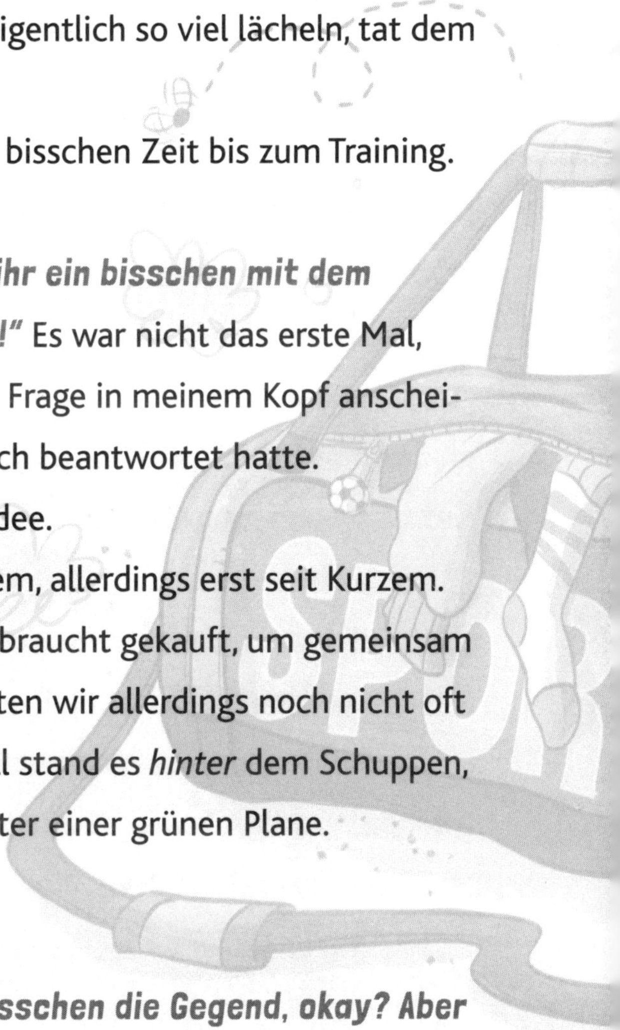

Es war also noch ein bisschen Zeit bis zum Training. Und bis dahin?

„Bis dahin könntet ihr ein bisschen mit dem Tandem herumfahren!" Es war nicht das erste Mal, dass meine Mutter die Frage in meinem Kopf anscheinend gehört und einfach beantwortet hatte.

Das Tandem? Gute Idee.

Wir hatten ein Tandem, allerdings erst seit Kurzem. Mein Vater hatte es gebraucht gekauft, um gemeinsam Fahrrad zu fahren. Hatten wir allerdings noch nicht oft gemacht. Auf jeden Fall stand es *hinter* dem Schuppen, weil es zu lang war, unter einer grünen Plane.

„Sergio!"

„Chef?"

„Ich zeige dir ein bisschen die Gegend, okay? Aber du musst auch treten, sonst ist es zu schwer."

Sergio Mavalli lächelte besonders breit. ***„Fahrradtraining, großartig. Spinning, runde Bewegungen. Sehr gut, hat mein Physiotherapeut gesagt, gleichmäßig treten, langsam steigern, halten, bis es wehtut, und auf dem Rückweg wieder langsam runterkurbeln."***

Ich nickte. ***„Genau."***

So wie seine anderen Trainer konnte ich nicht reden. Oder? Vielleicht doch. ***„Richtig, erst ordentlich reinstratzen, dann rollen lassen, im fünften Gang an der Ampel anfahren, ohne umzukippen, und danach richtig Gas geben, bis man nicht mehr kann."***

„Wie bitte?"

Höflich war er, das musste man ihm lassen. Ich versuchte es ein weiteres Mal, während ich meinen Fahrradhelm aufsetzte. ***„Wir pumpen, bis die Knie dick werden, erst ruckeln und zuckeln zur Entspannung und noch einmal Attacke, bis ich Halt sage."***

„Und zurück?"

„Ja, und wieder zurück!"

Ich hatte mich schon umgedreht und wollte meine

Schuhe anziehen, da fragte Sergio: ***„Und später ins Bergkräuter-Ermüdungsbad und einen Eiweißdrink, richtig? So haben wir es beim FC immer gemacht.“***

Ich wandte mich um und wedelte ein bisschen mit den Händen, bis mir etwas eingefallen war. ***„Richtig, Baden danach. Aber diesmal im Sternenbad“***, ich dachte an Marthas Glitzerbadezusatz, ***„und den Eiweißdrink danach gibt es heute mit Schokoladengeschmack! Man könnte denken, es sei einfacher Kakao!“*** War es natürlich auch, beziehungsweise würde es sein, denn etwas anderes hatten wir ja gar nicht. Klar. Eiweißdrink! Ermüdungsbad!! Bergkräuter. (Nicht zu viele Ausrufezeichen, hat Frau Tau gesagt, aber die hatte ja auch nicht meine Probleme!!!)

„Sag mal, Sergio?“

„Chef?“

„Machen das alle so? Die Ansagen vom Trainer und vom Physiotherapeuten befolgen?“

Sergio Mavalli breitete seine Arme und sein Lächeln aus. ***„Und vom Doktor und vom Vereinschef. Und vom Sportchef und vom Co-Trainer und vom Zeugwart***

und seiner Frau und dem Friseur." Sergio zählte an den Fingern seine Ansager auf. ***„Natürlich, Chef. Alle wissen, was das Beste für uns alle ist. Ist doch klar!"***

Der Friseur?

Als wir wenig später auf dem Tandem saßen, machte es richtig Spaß. Ich saß vorne und steuerte. Manchmal zeigte ich nach rechts oder links und erzählte das bisschen, was ich in Heimatkunde behalten hatte. ***„Hier ist die alte Ziegelei, da drüben sieht man schon die Kirche von Ludwigsbrück und dort drüben ist das Trainingsgelände von ihrem Verein, Teutonia."***

„Sind die gut?"

„Die A-Jugend gewinnt immer gegen Clemens' Mannschaft vom SC Hegenwald. Die sind saugut!"

„Bullenstark?"

„Gänsefett!"

Wir mussten erst einmal rollen lassen, um ordentlich zu lachen. Dann trat Sergio wieder kräftig in die Pedale. Ich machte manchmal Zeichen (wie ein Dirigent) und dann traten wir langsamer. Ich hörte ihn keuchen und lachen, da musste ich auch kichern.

Wir strampelten wie wild bis zur nächsten Ecke und ließen uns wieder rollen.

Am Ortsschild hatten wir mächtig Tempo drauf,

ich steuerte halb links. Ich wollte nicht, dass wir in den Rosenbüschen landeten.

„Langsam! Langsamer!"

Sergio Mavalli nahm Tempo raus, dennoch kriegten wir die lange Kurve nicht optimal.

„Frische Luft ist gut", schnaufte er.

„Sagt wer, der Physiotherapeut? Oder der Arzt?"

„Nee, Oma!"

Ich wollte noch lachen, aber die Kurve war einfach zu steil. Ich konnte das Tandem nicht halten, wir kippten mit ordentlichem Tempo in die Büsche.

War ich froh, dass es doch keine Rosen waren! Dafür leider Brennnesseln!

Sergio erhob sich, guckte nach mir, ächzte ein-, zweimal und half mir hoch. **„Bisschen zu schnell, was?"** Er lachte und gleich taten mir meine Knochen ein bisschen weniger weh.

Vom nah gelegenen Sportplatz trabte eine Mannschaft von Teutonia heran. Waldlauf. Dabei haben wir hier gar keinen Wald, allerdings kann man *„Draußen auf der Straße laufen"* ja kaum dazu sagen, auch wenn es stimmt! Es war ausgerechnet die A-Jugend.

„Da ist Sergio Mavalli!"

„Hey Jungs, guckt mal!"

„Herr Mavalli, hatten Sie einen Unfall? Brauchen Sie Hilfe? Was machen Sie eigentlich hier?"

Sergio Mavalli rieb sich den Arm, der ihm wohl ein bisschen wehtat, und winkte dann doch ab. **„Ach nein, nur ein bisschen. Wir sind gestürzt, weil wir so schnell waren!"**

Ein Langer mit dunklen Locken nickte. **„Schnell, klar. Sie sind es ja auch, Herr Mavalli! Könnte ich trotzdem ein Autogramm haben?"**

Mit dieser Frage war der Damm gebrochen. Alle aus der Mannschaft von Teutonia wollten ein Autogramm, der Trainer, so ein Dicker mit neuem Trainingsanzug, der vorneweg lief, kehrte um. Ich kannte ihn, es war der Onkel von Max aus der Nachbarklasse. Er trabte ultralangsam und machte das auf der Stelle weiter, was ziemlich blöd aussah. Dann kapierte er offenbar, warum seine Fußballer angehalten hatten.

Sergio Mavalli lächelte in die Runde und zauberte einen Stift hervor. Wo hatte er den denn versteckt? Er begann, Autogramme zu schreiben. Fragen stellte keiner mehr: Warum wir hier herumfuhren? Was er überhaupt hier machte? Die meisten wollten ein Autogramm auf den Arm, einige auf den Trainingsanzug, ganz groß auf den Rücken, und wieder andere wollten, dass er auf der Seitenkante der Schuhe unterschrieb. Machte er alles.

Es dauerte noch mindestens eine Viertelstunde, bis wir fertig waren. Ich habe gewartet, Sergio hat Autogramme geschrieben und gequatscht.

Schließlich trabte die Mannschaft weiter, einige winkten und Sergio lächelte ihnen hinterher.

„Keine Disziplin. Haben aufgehört zu laufen, obwohl der Trainer nichts gesagt hat. Keine Disziplin."

Dafür viele schöne Autogramme. Das dachte ich nur und machte eine auffordernde Kopfbewegung, weil ich endlich weiterfahren wollte.

Und das taten wir dann auch.

So schön wie vorher wurde es nicht mehr.

KAPITEL 13

Sergio Mavallis gute Laune wurde noch besser (dass das überhaupt ging!), als er den Fußballplatz von Weitem sah.

„Training mit Ball? Sehr gut, Chef!"

Ich nickte und trat in die Pedale. Sergio Mavalli joggte nebenher, er war wirklich schnell.

Auf dem Trainingsgelände checkte ich erst einmal die Lage.

Die A-Jugend trainierte schon. Clemens trug ein orangefarbenes Leibchen und hüpfte über rote Hütchen. Ein Triller aus einer Pfeife verriet mir, wo Herr Harr war.

„Tag, Herr Harr."

„Hallo, Tim. Mal wieder zugucken? Clemens muss ordentlich ran, ist zu lahm geworden, der Knabe. Du musst ihn härter trainieren zu Hause."

Ich mochte Herrn Harr. Er war wahrscheinlich mit einer Trillerpfeife und einer Stoppuhr um den Hals geboren worden. Jedenfalls sah er so aus, als sei er niemals etwas anderes gewesen als Trainer oder Sportlehrer und als sei er niemals jung gewesen. Er hatte nur wenige Haare auf dem Kopf.

„Herr Harr. Ich hätte da jemanden mitgebracht zum Training. Einen Gast!"

„Einen Gast? Wer ist es? Jemand, den ich kenne?"

Was wollte ich doch gleich sagen? Ja, die ganze Welt kennt ihn!

Herr Harr lächelte mich an. Seine Falten bogen sich. **„Muss ich raten? Du hast mir wahrscheinlich einen internationalen Stürmerstar mitgebracht, so jemanden wie Sergio Mavalli. Oder deine kleine Schwester!"**

„Woher wissen Sie das?"

Herr Harr vergaß sogar zu trillern, als ich jetzt winkte und der grinsende Sergio Mavalli lässig auf den Platz schlenderte.

KAPITEL 14

Es war ein tolles Training. Alle lachten und klatschten. Sergio Mavalli spielte gegen die A-Jugend. Beinahe allein, nur mit vier Mann Verstärkung. Sie wechselten ziemlich oft. Ich blieb an der Eckfahne stehen.

„Ist der zu Besuch bei euch, Tim? Wusste gar nicht, dass du den kennst!" Herr Harr hatte weiter auf das Spielfeld geguckt, als er mich das gefragt hatte.

„Ja. Das war kein Abseits." Ich zeigte auf den Platz. Natürlich wollte ich auch ablenken. Klappte nicht so gut.

„Ja, aber nur ganz knapp. Gut gesehen, Tim. Unsere Abseitsfalle klappt einfach nicht. Und, bleibt er lange bei euch?"

„Ja. Nein. Das ist noch nicht klar. Das war ein unnötiger Ballverlust."

„Ja, stimmt. An Mavalli."

„Ja, an Mavalli."

„Ärgerlich, wenn man so den Ball und die Kontrolle über das Spiel verliert. Kontrolle ist wichtig."

„Ja, ist wichtig." Mein Hals fühlte sich ganz kratzig an. Hatte er etwas gemerkt?

5:2 für den Wunderstürmer, hieß es zur Halbzeit. Sergio Mavalli sagte in der Pause etwas zu Taktik, Balltechnik und Mannschaftsgeist. Er lobte Herrn Harr und stand später bei einer weiteren Trainingseinheit neben ihm (und mir) und beriet ihn, welcher Spieler was wie besser machen könne. Er lobte Clemens' Schnelligkeit und Alex, den Torwart: ***„Der riecht die richtige Ecke. Kann man nicht lernen, sehr gut!"***

In der zweiten Halbzeit ging ich zurück zur Eckfahne. Lieber nicht noch mehr Fragen.

Mavalli schoss ein Tor nach dem anderen. Oder er gab die Vorlagen. Er stoppte, gab ab, zeigte und rannte in die Lücken, die die anderen zehn boten.

„Lücke machen, dranbleiben. Torwart-Ecke verkleinern. Weg sperren!"

Ich murmelte vor mich hin und zeigte mit den

Fingern. Herr Harr rief die ganze Zeit irgendetwas, der würde nachher ganz schön heiser sein.

Aber es half nichts. Mavallis Mannschaft gewann 21:2. Schlimm. Und schön.

Kurz: Es war wahrscheinlich das beste Training gewesen, das die A-Jugend des SC Hegenwald je erlebt hatte.

Anschließend gab Sergio Mavalli eine Stunde lang Autogramme, genauso wie bei der Mannschaft von Teutonia, nur eben länger.

KAPITEL 15

Zu Hause kam die Sache mit dem Ermüdungsbad. Martha schlief zum Glück schon, als Sergio Mavalli in ihrem Glitzerschaumbad lag. Er sang, aber leise.

Mama hatte uns allen einen Kakao gemacht. Der Eiweißdrink!

Clemens saß mit im Wohnzimmer und erzählte ausführlich vom Training. So viel hatte er seit Jahren nicht mit uns geredet!

Sergio Mavalli sollte in dieser Nacht nicht in der Gartenhütte schlafen. Meine Mutter war noch im Nachhinein entsetzt, dass der Wunderstürmer die letzte Nacht dort verbracht hatte.

Er sollte bei uns im Haus schlafen. Nur wo?

Marthas Zimmer fiel raus, sie schlief schließlich schon. Außerdem waren die vielen Prinzessinnen- und Tierkinderbilder ein bisschen peinlich, fand ich. Mein Zimmer stand natürlich ebenfalls nicht zur Debatte, auch wenn ich trotzdem nicht ins Bett wollte, um es zu verteidigen. Ich hatte uns zwar den Wunderstürmer eingebrockt, mein Zimmer aufgeben wollte ich dann doch nicht. Sergio Mavalli hätte sonst die vielen Sergio-Mavalli-Poster gesehen, die ich an der Wand hatte. Auch peinlich.

Lieber bei Clemens.

Der war sofort bereit dazu, wollte allerdings unbedingt mit in dem Zimmer schlafen (also in seinem

Zimmer bleiben), um mit Sergio Mavalli das eine oder andere zu besprechen. Der hörte gar nicht mehr mit dem Reden auf!

Sergio Mavallis Lächeln wurde nur um ein paar Grad kälter (ich hatte ihn beinahe den ganzen Tag lächeln sehen, da konnte ich das unterscheiden), als er von Clemens' Idee hörte. Meine Eltern waren ebenfalls nicht einverstanden.

Vielleicht könnte Clemens ja im Keller übernachten? Dort war ein kleiner Raum, in dem wir alte Spielsachen und Bücher aufbewahrten.

Nein, sagte Mama.

Ja, natürlich, sagte Sergio Mavalli. Er könnte im Keller schlafen, bot er an und stand schon vom Tisch auf. Er sei das gewohnt.

Trainingslager. Kleine Räume. Keine Umstände. Gute Nacht.

Gute Nacht.

Ich schlief sofort ein.

FREITAG – TAG 4

KAPITEL 16

Am nächsten Morgen wachte ich früh auf.

Es tippte. Immer wieder.

Ich setzte mich hin. Da, schon wieder. Etwas tippte gegen mein Fenster.

Ich ging zum Fenster hinüber und öffnete es.

„Aua!“

Ein Stein war mir mitten an die Stirn geflogen. Besser gesagt, ein Steinchen.

„'tschuldigung!“

Sergio Mavalli. Im Garten. Er warf Steinchen.

„Chef, ich hab da eine Frage!“

„Jetzt?“

„Schläfst du noch?“

„Jetzt nicht mehr.“

„Chef, kannst du runterkommen?“

Sergio Mavalli machte Dehnübungen vor der Gartenbank. Er trug einen Trainingsanzug und ein Handtuch um den Hals. Es war ziemlich früh, aber vor dem Zaun ging schon Herr Koslowski, unser Nachbar, mit dem Hund vorbei.

„Chef?"

„Ja?"

„Kann ich bleiben?" Sergio Mavalli kam mit einem schiefen Lächeln zu mir herüber.

„Ja, also …"

Er setzte sich neben mich auf die Bank. Vor dem Zaun trabten zwei Jogger vorbei. Ganz schön viel los um diese Uhrzeit.

Sergio Mavalli wischte sich den Schweiß mit dem Handtuch ab.

„Chef, ich wollte sagen, dass es mir hier gut gefällt. Supergut."

„Supergut?"

„Morgentoll."

„Wachmach."

„Tagscharf."

„Kakaowarm."

„Genau."

„Das war übrigens kein Eiweißdrink. Das war richtig gekochter Kakao mit Sahne."

„Hab ich doch gemerkt. Schmeckte wie bei Oma. Hier erinnert mich ganz viel an früher, als ich in den Ferien bei Oma und Opa in Wuppertal war. Im Schrebergarten."

„Ist anders als beim FC Fortuna, oder?"

Sergio Mavalli nickte und breitete die Arme aus. **„Genau das ist es, was mir so gut gefällt. Ist wie früher, wenn ich in den Ferien im Garten gekickt habe. Opa hat die Hecke geschnitten und ich musste in die Lücke schießen."**

„Zielschießen?"

„Richtig."

„Ach, deshalb kannst du das so gut. War dein Opa Gärtner?"

„Nee, Schlosser. Auf der Wiese hinterm Garten hab ich immer mit den anderen Jungs gekickt. Herrlich. Wie gestern auf dem Platz."

„Das war ein tolles Training!"

„Du hast genau zugeguckt, ich hab's gesehen."

„Ja." Was sollte ich auch sagen. ***„Mach ich oft."***

„Merkt man. Du hast immer so mit den Fingern gezeigt, wo was schiefgelaufen ist."

„Das hast du gesehen?"

Sergio Mavalli nickte und begann, *O sole mio* zu summen.

„Ich hab gesehen, dass du am Schluss nur noch so getan hast, als würdest du losstürmen."

Sergio Mavalli hörte auf zu summen. Er nickte und nach einer Weile seufzte er. ***„Hast du gemerkt?"*** Und dann lachte er doch wieder. ***„Bin eben nicht immer ein Wunderstürmer."***

„Stundenwürmer."

„Bohrwart."

„Riedschichter."

„Schussballfuh!"

Sergio Mavalli wischte sich eine Träne von der Wange, so sehr lachte er. Und er brauchte ein bisschen, ehe er wieder etwas sagen konnte. **„Also, kann ich bleiben, Chef?"**

„Klar. Aber was ist mit dem Geld?"

„Geld ist nicht alles."

KAPITEL 17

Wenn meine Mutter flüsterte, war es wichtig. Deswegen war es mehr als auffällig, als sie flüsternd auf uns einredete, während wir am Frühstückstisch saßen. Ab und zu tauchte der Kopf von Sergio Mavalli vor dem Küchenfenster auf, der dort Übungen machte. Und Clemens übrigens auch. War das zu glauben? Der kam sonst morgens überhaupt nicht aus dem Bett!

„Suchen die den nicht schon? Muss der nicht woanders spielen? Bei welchem Verein ist der noch mal?"

Ich nickte und versuchte, am Müsli in meinem Mund vorbeizusprechen. **„Bundesliga. FC. Klar."**

Ich hatte nicht in der richtigen Reihenfolge geantwortet, aber sie verstand mich trotzdem. Unterdessen war mein Vater aufgestanden und beobachtete Sergio und Clemens, die Sprungübungen am Apfelbaum machten. Sergio leitete meinen Bruder offenbar an. Papa zeigte mit der Hand nach draußen und lächelte. Meine Mutter grinste ebenfalls.

„Was machen wir denn heute mit dem?"

Ich hatte mir schon etwas überlegt. Erstens, ich musste klären, wie das mit dem Geld war. Ich wollte mich nicht wieder von Evi bei *Ball-im-Netz* abwimmeln lassen, wenn ich anrief. Zweitens, ich wollte nicht wieder vom Jungsklo aus versuchen, sie anzurufen. Drittens, Konrad und ich mussten rauskriegen, wie er hier gelandet war, und viertens, Sergio Mavalli sollte sich heute Vormittag mit einem ausgedehnten Waldlauf fit halten, während ich in der Schule war.

„Waldlauf, leichtes Training."

„Tim, es gibt hier keinen Wald."

„Mama, das nennt man so, wenn die einfach losrennen. Eben nicht nur an der Straße entlang, sondern so querfeldein, da hat er erst mal zu tun und dann sehen wir weiter."

„Aber keine Kreidezeichen mehr im Garten!"

Ich versprach, mich darum zu kümmern. Ich ging nach draußen und wartete, bis Clemens und Sergio Mavalli mich entdeckt hatten.

„Es ist gleich halb acht!"

Das hatte ich zu Clemens gesagt, der genau wie ich um acht Uhr in der Schule sein musste. Er rannte ins Haus, um noch zu duschen und zu frühstücken.

„Hör mal, Sergio!"

„Chef!"

Sergio Mavalli stellte sich vor mich hin. Er war wirklich sehr groß.

„Heute Vormittag muss ich wieder zu einer …", ich hustete ein wenig, ***„… Weiterbildung. Ich bin mittags wieder da. Du könntest Einwürfe üben, danach eine Pause und später leichtes Lauftraining im Wald, bis ich wieder da bin. Am Nachmittag ist wieder Training mit der A-Jugend. Die haben am Wochenende ein Spiel."***

„Welcher Wald, Chef?"

„Du weißt schon, das sagt man so, loslaufen, nicht nur an der Straße entlang, auch querfeldein."

Er nickte.

Ich musste los.

KAPITEL 18

Nach der Sportstunde blieb ich mit Konrads Smartphone in der Umkleidekabine. Es hatte gerade zur großen Pause geklingelt. Hier roch es zwar auch unangenehm, immerhin ein wenig besser als auf dem Klo.

Die Nummer von *Ball-im-Netz* kannte ich inzwischen auswendig. Ich hatte Glück, es ging sofort jemand ans Telefon.

„Hallo, hier ist Tim Marksen aus Hegenwald. Ich bin der, der Sergio Mavalli im Garten hat, Sie erinnern sich vielleicht."

„Falls es ein Problem mit dem Spiel gab, kann ich dir versichern, dass unsere beiden Chefprogrammierer an einer Lösung arbeiten."

Wie bitte? **„Aber das Problem ist immer noch in meinem Garten!"**

„Mehr kann ich dazu nicht sagen. Auf Wiederhören!"

Und dann hat sie einfach aufgelegt. Fertig, Schluss. War das zu glauben?

Ich rief ein weiteres Mal an. Niemand nahm ab.

KAPITEL 19

Ich erzählte Konrad die ganze Geschichte in der Biologiestunde. Wir hatten gerade Gruppenarbeit. Das Thema war **„Tiger"**.

„Der Tiger lebt im Dschungel. Er kann sich gut verstecken."

„Schreib auf."

„Und er ist der Chef im Urwald."

„Manchmal gibt es auch zwei."

„Chefs."

„Chefprogrammierer."

„Und die arbeiten an einer Lösung."

Konrad und ich sahen uns an.

„Wir müssen mehr über Ball-im-Netz herausfinden. Zum Beispiel: Wer sind diese Chefprogrammierer? Und warum ist diese Tante am Telefon auf einmal so unfreundlich, die war doch erst ganz nett?"

Konrad versprach, sich um diese Fragen zu kümmern.

Er war nicht umsonst ein Technik-Ass. **„Nach dem Mittagessen komme ich erst mal zu euch und gucke mir den Wunderstürmer an!"**

KAPITEL 20

Konrad und ich waren schon auf die Straße zum Kicken gegangen. Wir warteten auf Sergio, der noch in der Küche saß, obwohl das Essen längst vorbei war. Er beugte sich über Marthas Hausaufgaben.

„Sieh mal, kleines Mädchen, eine Fußballmannschaft hat vier Verteidiger. Auf dem Platz spielen allerdings – huch – zwei Mannschaften. Und die andere hat auch vier Verteidiger. Wie viele sind das, damit man fair spielen kann?"

„Acht?"

„Ja, bravo, bravissimo!" Sergio Mavalli jubelte, als hätte er wieder einmal ein Tor geschossen. Er umarmte erst Martha, dann meine Mutter, die die ganze Zeit lachte, danach rannte er einmal um den Tisch, stürzte sich auf die Knie, die Arme hochgerissen. ***„Jaaa!"***

Als der Jubel vorbei war, räusperte ich mich. Ich stand am Türrahmen. ***„Seid ihr bald fertig?"***

Meine Mutter hatte schon den Finger gehoben, Sergio Mavalli war schneller. ***„Eine Zusatzaufgabe in der Nachspielzeit, dann haben wir alles geschafft."*** Er sah zu Martha und zu meiner Mutter. ***„Als Team!"***

KAPITEL 21

Wir kickten doch noch eine gute Stunde auf der Straße – mit Sergio. Und Sergio machte so unglaubliche Tricks und tolle Sachen, dass es mir viel kürzer vorkam. Aber schließlich mussten wir uns für das Training der A-Jugend fertig machen.

Die absolvierten heute ein Sondertraining, weil sie

am Sonntag ein Spiel gegen Rot-Weiß hatten. Und Herr Harr hatte uns gestern dazu eingeladen.

„Sonntag spielt die A-Jugend gegen TSV Momsenheim, die sind viel besser und Herr Harr …"

Sergio unterbrach mich: ***„Der Trainer."***

„Genau, der will mit einem Extratraining ein bisschen mehr rausholen. Damit die nicht wieder 8:0 verlieren!"

Sergio Mavalli zeigte acht Finger hoch und rollte entsetzt mit den Augen.

„Abgeben! Anbieten, da!"

Ich hatte beim Training schnell meine Zurückhaltung abgelegt und rief den Spielern Tipps zu. Nicht nur Sergio, sondern auch den drei Mitspielern, mit denen er gegen den Rest spielte. Erst hatte die A-Jugend keine Lust auf das Training, aber nachdem sie Sergio Mavalli gesehen hatten, dann doch.

Die gelben Leibchen leuchteten über den Platz. ***„Das muss schneller gehen! Abgeben, vorlaufen, nachrücken!"***

Ich machte dieselben Handbewegungen wie Herr Harr oder wie Bror Blason, der Trainer vom FC, der im Fernsehen an der Außenlinie immer so streng aussah.

Herr Harr bemerkte, was ich mit meinen Händen machte. Auf einmal fragte er mich: **„Würdest du lieber die 3 hinten lassen oder die 4?"**

Ich schluckte ... und stutzte. Natürlich kannte ich die Namen der Spieler, genauso wie Herr Harr. Er hatte mich allerdings nicht nach den Kumpels von Clemens gefragt, sondern nach den Spielern auf dem Feld.

Die 3, das war der dicke Ringo Malowski. Den mochte ich nicht so gern, der hatte eine laute Stimme. Gerade wieder blökte er den anderen Verteidiger an. Die 4 dagegen, das war Paul, Clemens' bester Freund, der immer sehr nett zu mir war. Ihn nannten alle nur **„Calvados"**. Allerdings verlor er häufig den Ball und wusste oft nicht, was er auf dem Platz machen sollte.

„Die 3 nach hinten. Ringo ist besser. Und Calvados als Manndecker auf den Stürmer der anderen Mannschaft."

Herr Harr lächelte und ich hatte das Gefühl, jemand hätte den Föhn angemacht, so warm war mir auf einmal. Gutes Gefühl.

Dann kam die Pressekonferenz.

Pressekonferenz, das machen die immer, wenn der Verein ein Spiel hat. Der Trainer und einige Spieler sitzen auf so einer Bühne, hinter einem Tisch, und andere stellen Fragen.

Genau das fand beim FC Fortuna statt. Helmut mit der Mütze, der Platzwart, winkte uns alle ins Vereinsheim des SC Hegenwald, damit wir die im Fernsehen angucken konnten.

Bror Blason saß kerzengerade vor den Mikrofonen und den kleinen Wasser- und Saftfläschchen. (Die stehen immer daneben. Man könnte nacheinander Cola, Orangensaft und Wasser trinken, ohne dass sich irgendwer beschwert! Steht einfach alles so da!)

Aber noch wichtiger: Bror Blason war der Trainer des FC Fortuna und er konnte ziemlich streng gucken. Das machte er auch jetzt.

Er sprach über das Bundesligaspiel am Wochenende, es war am nächsten Tag gegen Borussia, und über das anschließende Trainingslager im Chiemgau und das Freundschaftsspiel, das dazugehörte. Anschließend quatschte er natürlich über das Rückspiel gegen den AS.

Helmut mit der Mütze knuffte Sergio in die Seite und sagte: **„Musst du nicht beim FC Fortuna sein? Morgen spielt ihr doch gegen Borussia!"**

Das war natürlich richtig und schon senkte sich ein schwerer Stein in meinem Magen.

Bevor Sergio oder ich antworten konnte, antwortete Bror Blason. Er war gerade gefragt worden, wo denn sein Wunderstürmer Sergio Mavalli sei, denn beim Training war er ja offensichtlich nicht gewesen!

„Sergio trainiert auf besondere Weise. Er braucht besondere Pflege und ist an einem ... besonderen Ort." (Na, das konnte man wohl sagen!)

„Wird er morgen gegen die Borussia mitspielen?"

Bror Blason guckte ganz verkniffen, räusperte sich kurz und sagte: **„Vermutlich nicht!"**

Und dann guckte er so streng, dass keiner weiterfragte.

Ich musste dringend Konrad anrufen!

„Hast du etwas bei **Ball-im-Netz** ***herausgefunden?"***

„Ich bin dran. Programmiert haben das Spiel jedenfalls zwei Typen, die auch die Eigentümer sind."

Ich hatte die Vermutung, dass er keine Idee hatte, wie es weiterging, und einfach abwartete. Aber gesagt hab ich das nicht. Außerdem mussten wir zum Abendbrot.

Dann saßen wir wieder zu Hause bei uns. Im Trainingscamp, sagte der inzwischen frisch geduschte Sergio Mavalli (und ich war wirklich müde, ihm immer und immer wieder zu widersprechen, dass das nur unsere Küche und nicht der Verpflegungsraum sei).

Hergio, nannte ihn Martha, weil sie mit ***„Herr"*** und ***„Sergio"*** durcheinanderkam.

Herr Mavalli. Das sagten meine Eltern.

Sergio. Das sagte mein Bruder, der immer wieder sein Smartphone zückte, um Fotos von Sergio Mavalli in unserer Küche zu machen, damit er sie anschließend an seine Freunde verschicken konnte.

Lange würde es also nicht geheim bleiben, wo der Wunderstürmer war. „**An einem besonderen Ort.**" Klar, bei uns!

Es war ein tolles Abendbrot. Eigentlich war alles wie immer: Wir sitzen zusammen, alle essen und erzählen. Mit Sergio war es gar nicht so anders. Aber doch, natürlich: Es war ganz anders. Denn erstens gab es noch mal den tollen Kartoffelsalat nach dem Rezept seiner Oma und zweitens erzählte Sergio beim Abendbrot einfach die tollsten Geschichten.

Wie es war, als er einmal freien Schuss vorm Tor hatte und er plötzlich gähnen musste. Oder als er einmal verletzt war und seine Oma als Sanitäter verkleidet auf den Rasen gerannt kam. Selbst Clemens musste laut lachen. Martha prustete ihr gerade abgebissenes Graubrot heraus. Sie mochte den Salat ja nicht. Und Mama hat nicht mal geschimpft.

Papa wusste eine ganze Menge über frühere Spiele von Mavalli. Wie hatte Sergio damals gegen Barcelona dieses unglaubliche Tor mit zwei Beinen gleichzeitig schießen können? Und das auch noch gegen Dante Zepparelli, den legendären Torhüter?

„Ich bin einfach hingefallen, mit den Beinen zuerst! Da hat sich Dante erschrocken. Ich kenn den ja aus der italienischen Nationalmannschaft!"

Und wie hatte er es geschafft, den Schiedsrichter im Endspiel der Europameisterschaft zum Lachen zu bringen?

„Ich habe ganz schnell ein paar Grimassen gemacht und leise dazu gesungen." Er machte es uns vor und wieder flogen kleine Stückchen Graubrot über den Tisch.

„Und wie ist Dagur Dagurson so, als Gegenspieler vom AS International?"

Sergio Mavallis Lächeln verschwand für einen Moment. **„Er ist der Beste."** Er füllte sich noch einmal auf. **„Allerdings bin ich besser!"**

Papa klatschte in die Hände.

SAMSTAG – TAG 5

KAPITEL 22

Ganz kurz dachte ich, es sei doch alles nur ein Traum gewesen.

Als ich dann aus dem Fenster sah, wusste ich: nein.

Sergio Mavalli übte am Samstagmorgen seine berühmten weiten Einwürfe mit unserem alten Ball (der ihm bestimmt viel zu flau war, aber wir konnten die Ballpumpe nicht wiederfinden).

Es war eine Schande. Dieses alte Ding! Und solche Würfe! Und Sergio Mavalli!! (Das mit den vielen Ausrufezeichen soll ich auch nicht machen, genauso wie mit den Klammern, sagt Frau Tau. Aber bei einem Wunderstürmer!!!)

Er warf vom Gartenhaus immer quer rüber. Bei Koslowskis, drei Gärten weiter, landete der Ball (schätzte ich, ganz genau konnte ich es nicht sehen).

Mein Vater kam, um uns zu wecken, was vollkommen unnötig war, ich war ja schon wach (und um ein ernstes Wort mit mir zu reden, wie sich herausstellte).

„Tim. Es ist ja schön, dass Herr Mavalli bei uns wohnt. Doch er kann nicht länger bleiben. Mach ihm das klar. Er muss zurück zum FC Fortuna. Außerdem spielen die heute Nachmittag gegen Borussia."

Wie sollte ich Sergio das klarmachen?

Ich rief vor dem Frühstück noch einmal Konrad an.

„Hast du etwas rausgekriegt?"

„Was, um ihn wieder loszuwerden? Den Wunderstürmer? Ich versuche schon die ganze Zeit, ihn dir abzukaufen, aber das klappt nicht. Sag mal, ist mit dem Smartphone irgendwas gewesen, bevor du Sergio gekauft hast? War etwas komisch damit?"

Ich überlegte kurz, dann fiel es mir ein: **„Ja."** Ich erzählte Konrad von dem umgestoßenen Bier.

„Aha." Mehr sagte er nicht und legte auf.

Das wiederum war keine Information, mit der meine Eltern zufrieden gewesen wären.

Meine Mutter rief Sergio Mavalli zum Frühstück.

Clemens klopfte Sergio Mavalli auf den Rücken, als er in die Küche kam und sich an den Tisch setzte.

„Hergio?", fragte Martha mit vollem Mund. **„Hergio, magst du uns eigentlich gerne?"**

Wie peinlich! Meine Schwester fragte das in letzter Zeit ständig: den Postboten, Frau Koslowski, Herrn Koslowski, mich.

Und alle (ich nicht!) antworteten mit sanfter Stimme: **„Aber natürlich, mein Kind."**

Statt zu antworten (ich wette: **„Aber natürlich, mein Kind!"**), stand Sergio Mavalli auf. Sein Handy hatte geklingelt und er ging ran.

In den letzten Tagen hatte es öfter geklingelt, da war er allerdings nie rangegangen. **„Nicht während des Trainings. Ist verboten, sagt der Trainer immer!"**

Jetzt galt das offenbar nicht mehr! Ich wollte gerade ein bisschen empört sein, da fiel mir ein, was Bror Blason gestern bei der Pressekonferenz gesagt hatte: **„An einem besonderen Ort."** Dort sei Sergio Mavalli. Ja, nur wie lange noch? Wann würde es jemand rauskriegen?

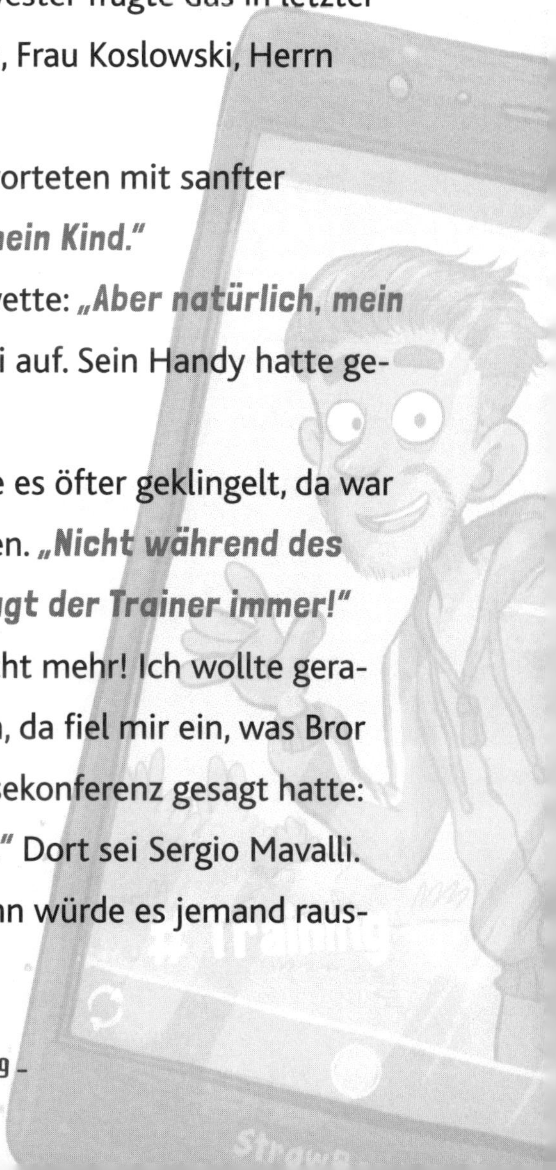

KAPITEL 23

Erst einmal gingen wir einkaufen. Ich machte das immer samstags, das ist so eine Verabredung mit Mama und Papa, damit ich mithelfe. Die Spülmaschine einräumen machte ich nicht so gerne und ausräumen war der Horror (noch schlimmer als einräumen), staubsaugen war ganz okay. Am wenigsten störte mich einkaufen: Milch, Käse, Joghurt, Bananen, Müsli, Sahne, Brot, Schokolade und eine Fußballzeitschrift, das hatte ich so ausgehandelt.

Diesmal kam Sergio mit.

Warum auch nicht?

„Sergio, wir gehen in den Supermarkt."

„Warum?"

Warum? **„Ja, weil wir Sachen brauchen."**

„Sachen?"

„Zum Essen."

„Werden die euch nicht gebracht?"

„Von wem denn?"

„Vom Ernährungscoach: Pasta, Nüsse, Bananen und so? Beim FC hat der das immer gemacht."

Ich holte tief Luft. **„Nee, das müssen wir selbst kaufen, gehört aber zum Training dazu. Damit wir wissen, was etwas kostet und woher es kommt. Verstehst du?"**

„Klar. Die Bananen kommen aus Südamerika, oder? Weiß ich doch."

Ich seufzte.

„Stimmt, und sie werden im Supermarkt verkauft. Genauso wie alle Sachen für deinen Kartoffelsalat. Die können wir da auch kaufen."

In Gedanken ergänzte ich die Zutaten auf meinem Einkaufszettel.

Sergio Mavalli nickte. Ich gab ihm den Einkaufskorb und hängte zwei weitere Taschen an mein Fahrrad. Eigentlich wollte ich schieben.

„Verstehe. Training mit schweren Taschen. Oder", er zeigte auf seinen anderen Arm, **„mit Korb. Cool. Auf Zeit?"**

Schon sprintete er los. Ich hatte ihn einfach nicht

so schnell bremsen können. Ein internationaler Wunderstürmer im Trainingsanzug von FC Fortuna, der einen Vertrag bei Juventus Hegenwald hatte, rannte mit unserem Einkaufskorb über dem Arm die Straße hinunter. Wahnsinn.

Vor dem Supermarkt wartete Sergio Mavalli. Er lächelte und federte mit den Beinen. Leichte Sprungübungen, ich kannte das schon.

Dann ging es los, unser Supermarktabenteuer. Ich besorgte einen Wagen und gab ihn Sergio zum Schieben.

„Ist das toll hier!“ Er freute sich jedenfalls mächtig, als wir drin waren. **„Guck mal, Chef, so viele Sachen! Da drüben sind die Bananen! Soll ich sie holen?“**

„Das mache ich, aber wir brauchen Milch und Joghurt. Die sind da hinten.“ Ich zeigte auf das Kühlregal am Ende der Reihe. **„Vier Liter Milch und zwei große Becher Joghurt.“**

„Kein Problem, Chef."

Als ich gerade fünf (oder sechs, da war ich mir noch nicht sicher) Bananen in den Wagen legen wollte, hörte ich Schreie vom Kühlregal.

Eine Frau versuchte, an die Sachen im Regal zu gelangen. Sergio aber sperrte, ohne Ball, versteht sich, sodass sie nicht in die Nähe der Lebensmittel kam. Mal tippelte Sergio nach rechts, nach einer Körpertäuschung nach links.

Plötzlich bog er sich nach hinten, fuhr seinen Ellenbogen zur Seite aus, sodass die Frau wieder nicht an die Milchtüten herankam.

„Jetzt lassen Sie mich doch mal. So eine Unverschämtheit! Hilfe! Der lässt mich nicht an die Milch!"

„Sergio! Was ist passiert?"

„Was passiert ist? Dieser wild gewordene Typ lässt mich nicht an die Milch!"

Die Frau schob zornig ihren Einkaufswagen vor und zurück.

Sergio schnaufte inzwischen schon, er griff nach der Milch, vier Liter, und reichte mir eine Flasche nach der anderen. Schließlich schnappte er sich zwei Becher Joghurt und gab, mit einer schnellen Drehung, das Regal frei.

„Auftrag ausgeführt, Chef!"

Die Frau schimpfte immer noch. Aber Sergio strahlte. ***„Kasten sauber gehalten. Zu null, und selbst alle reingemacht."*** Er zeigte auf den Einkaufswagen.

Ein Herr in einem weißen Kittel kam mit großen

Schritten auf uns zu. Er sah wichtig aus und er hob einen Zeigefinger, bevor er etwas sagte.

„Mein Herr! Was war da eben los? Eine Kundin hat sich beschwert, dass Sie sie nicht an die Milch gelassen haben? Ich bin hier der Marktleiter."

Sergio Mavalli lächelte. Ich murmelte etwas von einem Missverständnis und entschuldigte mich. Das reichte dem Supermarkttypen offenbar.

„Na dann!", sagte er und wir konnten weiter einkaufen.

Es wurde nicht einfacher. Sergio Mavalli machte in der Getränkeabteilung Hindernislauf, er übte Kopfballsprünge an einem puscheligen Werbemaskottchen der Supermarktkette, einer dicken Biene, die über den Sonderangeboten hing. Ziemlich hoch. Aber Sergio schaffte es zweimal, die dicke Biene mit seiner Stirn zum Wackeln zu bringen.

Danach kam noch die Sache mit der Brottheke. ***„So. Jetzt bleibst du mal stehen oder es gibt nachher kein Training mit dem Ball!"***

Was Besseres war mir im Moment nicht eingefallen, trotzdem wirkte es sofort.

Sergio Mavalli blieb neben mir stehen, vor uns warteten ein Herr mit Hut und, wie ich erst jetzt bemerkte, die Frau vom Kühlregal.

„Darf ich ein Joggingbrötchen haben?"

Wer war hier eigentlich das Kind und wer der Erwachsene? Ich schüttelte ungläubig den Kopf und guckte weg, so, als ob ich nicht zu ihm gehören würde.

„He, Sie drängeln sich ja vor! Ich bin jetzt dran!"

Nein, nicht schon wieder!

„Schon wieder Sie!"

„Da war nichts. Kein Abseits. Nichts da!" Sergio Mavalli warf die Arme in die Luft und sah zu der Verkäuferin hinter dem Tresen. ***„Kein Pfiff, kein Abseits. Da war nichts, Schiri!"***

Ich zog Sergio am Ärmel weg. Gar nicht so einfach, denn mein Weltklassespieler ruderte weiter mit den

Armen und rief nach dem Schiedsrichter. Nicht nur die Frau und die Verkäuferin guckten inzwischen, sondern auch alle anderen.

Ich zog ihn weiter, dabei stieß Sergio sich ungeschickt das Bein an unserem Einkaufswagen … und dann war es ganz vorbei!

„Au, Aua! Es tut so weh, das sind solche Schmerzen!" Sergio Mavalli warf sich auf den Supermarktboden und rollte sich hin und her, die Hand am Knöchel, als sei er gebrochen. Inzwischen waren noch mehr Kunden gekommen und bildeten einen Halbkreis. Oh Mann!

„Ich kann es nicht mehr aushalten. Freistoß! Freistoß! Aua!" Auch der Marktleiter mit dem weißen Kittel und dem erhobenen Zeigefinger kam. Klar. Und was machte er? Er hob den Zeigefinger … und richtete ihn nach vorne gegen mich.

„Was ist das hier für ein Affenzirkus? Ihr schon wieder! Nicht in meinem Supermarkt!" Ich hatte das Gefühl, dass sein Zeigefinger größer wurde, während er sprach.

Da hob einer aus der Gruppe, die um uns herumstand, die Hand. **„Herr Mavalli? Hätten Sie vielleicht ein Autogramm für mich?"**

„Aber natürlich, mein Freund, und Freunde sagen ‚Sergio' zu mir." Sergio sprang auf, sein Knöchel tat wohl nicht mehr weh, und unterschrieb – woher hatte er den Stift? – dem jungen Mann auf seine Packung Tiefkühlbohnen.

Oh Mann!

Alle fingen an zu klatschen, auch die Frau an der Brottheke und sogar, ein bisschen später, der Marktleiter mit dem großen Finger.

Es dauerte ziemlich lange, bis wir wieder draußen waren.

Ich hatte in der Zwischenzeit die übrigen Lebensmittel eingesammelt und bezahlt. Sergio Mavalli hatte währenddessen mit den Kunden Selfies gemacht.

Er lächelte noch breiter als sonst, als wir auf dem Parkplatz vor meinem Fahrrad standen.

„So viele Fans!" Er guckte sich um, als suche er nach weiteren. Aber nur ich war da.

„Jetzt Lauftraining mit Gewichten nach Hause." Ich gab ihm den Korb in die rechte Hand und die beiden Taschen in die linke. Sie waren ganz schön schwer. Ist vielleicht auch ein bisschen gemein, dachte ich. Sergio rief trotzdem nur: **„Jawohl, Chef!"** und rannte los, so gut man das eben machen kann, wenn man ein Wunderstürmer ist und einen Korb und zwei schwere Einkaufstaschen trägt.

KAPITEL 24

„Wo ist Sergio Mavalli?"

Max bremste mit seinem Fahrrad ab, sodass eine Staubwolke hochwirbelte und ich mittendrin stand.

„Weiß nicht."

Er war einen halben Kopf größer als ich. Schneller

war er auch, ein größeres Fahrrad hatte er ebenfalls. (Aber ich hatte einen Wunderstürmer. Ha!)

„Wie, du weißt nicht? Er ist doch bei dir!"

„Sagt wer?"

„Sagen alle!" Max sprang vom Fahrrad und baute sich vor mir auf. **„Gestern bist du mit ihm Tandem gefahren. Die ganze A-Jugend von Teutonia Ludwigsbrück hat euch gesehen und mein Onkel Heribert!"**

Ich sagte nichts. Was auch? Es stimmte ja alles, aber das wollte ich nicht zugeben.

„Also, wo ist Mavalli?"

Die Wahrheit war: Ich wusste es wirklich nicht. Nach unserem Supermarkterlebnis hatte ich erst einmal die Nase voll und hatte ihn zur Gymnastik nach draußen geschickt. Danach durfte er zur Belohnung die Fußballzeitschrift lesen. Ich war in mein Zimmer gegangen und hatte am Computer gespielt. Wochenendausnahme. Mit Kopfhörern. Außerdem hatte ich erst einmal genug vom Fußball.

Gerade erst war ich auf die Straße getreten. Sergio Mavalli hatte ich nicht gesehen.

„Kannst ja nachgucken."

Max schnaufte und schubste mich zur Seite. ***„Mach ich auch."***

Er ging aber nur bis zum Haus und guckte einmal durch die Scheibe hinein. Dann kam er zurück und boxte mich gegen den Oberarm. Es tat weh.

Er hob sein Fahrrad auf. ***„Wehe, ihr lasst euch für das Spiel am nächsten Wochenende gegen Teutonia von ihm Tricks beibringen!"***

Ich sagte nichts. Innerlich machte ich jedoch einen Luftsprung: Das war eine wirklich großartige Idee!

KAPITEL 25

Und dann hatten wir den Salat. Wieder. Und zwar nur den Salat, den Sergio Mavalli uns hinterlassen hatte. Er selbst war nämlich verschwunden. Weg. Futsch. Einfach nicht mehr zu finden. Nur ein Zettel, auf dem stand:

„Ist Hergio tot?“, fragte Martha allen Ernstes.

„Nein. Aber beinahe. Er ist weg!“

Martha brach in Tränen aus. (Und ich musste auch ganz schön schlucken!) Wann verliert man schon mal einen Wunderstürmer aus der eigenen Mannschaft? Und das, obwohl man eigentlich gar keine hat?

Neben dem Zettel stand eine volle Schüssel mit Kartoffelsalat. Den hatte er uns noch gemacht, danach war er verschwunden. Doch wohin? Etwa wieder zurück zum FC Fortuna? Zum Spiel gegen Borussia am Wochenende? Mama war das anscheinend egal. **„Wenigstens einen Salat hat er uns dagelassen. Der ist wirklich gut.“**

„Wer? Sergio Mavalli?“

„Nein, der Salat.“

„Rezept von seiner Oma. Aus Wuppertal“, sagte ich.

Aber das war jetzt unwichtig. Essen wollte ich nichts. Alles war jetzt unwichtig.

Wundersalat. Ohne Stürmer.

Wieder musste ich ganz schnell mal telefonieren. Konrad.

„Sergio Mavalli ist weg. Hast du ihn?"

„Das klingt so, als hättest du wieder mal deinen Tintenkiller verloren oder einen zweiten Handschuh. Nee, hab ich nicht."

„Wirklich nicht?"

„Nee, ich hab da noch mal angerufen. Der Softwarefehler ist von den beiden Programmierern behoben worden, hat die Frau von Ball-im-Netz gesagt. Da ist nichts mehr zu machen."

„Und wo ist er jetzt?"

„Keine Ahnung. Guck doch mal auf dem Handy von deinem Vater."

Das war ein guter Gedanke. Ich legte auf und holte es aus Papas Jackentasche. (**„He!"** rief er. Ich glaube, er hatte den Ernst der Lage nicht ganz verstanden!)

Aber: Sergio Mavalli stand hier – bei *Ball-im-Netz* –

immer noch als mein Spieler! Er war nach wie vor bei mir unter Vertrag. Ich atmete einmal tief durch.

„Essen!"

Immer muss man essen, auch wenn andere Dinge viel wichtiger sind. Auf einmal hatte ich allerdings doch Hunger.

Mama deckte den Tisch und machte, wie immer, das Radio an.

Und dann kam die Meldung: ***„Wo ist Sergio Mavalli? Warum spielt er nicht? FC-Fans machen sich große Sorgen um den Wunderstürmer."***

Was? Die Lage war schlimmer, als ich geahnt hatte. Aber ein bisschen erleichtert war ich doch: Wenigstens war Sergio nicht wieder beim FC Fortuna.

Bei uns war er allerdings auch nicht mehr. Was war hier eigentlich los?

Ich musste nachdenken ... und auf einmal doch etwas essen. Vielleicht, sehr vielleicht, hatte Sergio Mavalli in dem Kartoffelsalat ja eine geheime Botschaft hinterlassen. (Hatte er jedoch nicht, nur hart gekochte Eier, die waren lecker!)

KAPITEL 26

Es klingelte.

Normalerweise durften wir beim Essen nicht aufstehen, aber das hier war ja wohl eine Ausnahmesituation.

Es war Konrad.

„Willst du mitessen? Wir haben ganz viel Kartoffelsalat! Hat Sergio gemacht."

„Der Wunderstürmer? Der hat für euch Kartoffelsalat gemacht und ihr esst den einfach so?"

„Was denn sonst?"

„Den müsste man doch ins Museum bringen. Oder man könnte ihn im Internet versteigern. Ich guck gerade mal …"

„Konrad!"

Das war Mama. Wenn es ums Essen geht, kann sie ziemlich streng sein.

„Keine Handys bei Tisch."

Konrad guckte. Aber dann steckte er sein Handy

ein. Und, was soll ich sagen, auch ihm schmeckte der Kartoffelsalat! Die Würstchen waren allerdings alle.

Es klingelte an der Tür.

Es klingelte noch einmal, bevor ich aufmachen konnte.

Und wer stand davor?

Sergio Mavalli.

Nein.

Doch.

Halt.

KAPITEL 27

Es war das Gesicht von Sergio Mavalli. Ich öffnete den Mund, um etwas zu sagen.

„Hallo. Ich …"

Ich war schneller. **„Bist du Sergio Mavalli? Oder nicht?"**

Der Mann mit dem Gesicht von Sergio Mavalli

lächelte das berühmte Lächeln. Dann ließ er die Mundwinkel sinken. ***„Nein, ich bin sein großer Bruder. Luigi. Aber auch Mavalli. Kann ich reinkommen?"***

Was?

KAPITEL 28

„Hergio", meine Schwester guckte sich den Mann an.

Ich wollte sagen: Das ist nicht Hergio, das ist Huigi. Aber so lustig war das in dem Moment gar nicht.

Also hörte ich, genauso wie Mama, Papa, Clemens (der gerade erst aufgewacht war. Echt!), Konrad, Charlene, die noch immer zum Spielen bei uns war, und Martha, einfach zu, was Luigi zu erzählen hatte. (Der sah seinem Bruder im Gesicht wirklich sehr ähnlich, war jedoch ein bisschen kleiner. Und dick. Zumindest im Vergleich zu Sergio.)

„Sergio ist weg."

„Ja. Das wissen wir." Ich zeigte ihm den Zettel, der neben dem Kartoffelsalat gelegen hatte. Ein Fettfleck war darauf zu erkennen.

„Sergio war wirklich hier." Das war keine Frage, er wusste es.

„Das wissen Sie schon?"

Luigi kratzte sich – wie Sergio es übrigens auch oft getan hatte – an den Augenbrauen. **„Ja, ich weiß, dass er hier war. Hatte einen Vertrag bei Juventus Hegenwald. Warum, weiß ich nicht. Ich bin sein Bruder und Berater. Dass er hier war, kann ich vor allem an dem Zettel sehen."**

„An der Handschrift. Na klar." Mein Vater las gern Detektivgeschichten.

„Nein."

„Hä?"

„Der Fleck. Bestimmt hat er für euch Kartoffelsalat gemacht. Und dann hat einer von euch beim Auffüllen gekleckert, weil der Kartoffelsalat so lecker ist. Kenn ich alles." Er zwinkerte mir zu, ich wurde rot. **„War zu Hause bei uns auch immer so."**

Er erzählte jetzt den Rest, der sich so zusammenfassen lässt: Luigi Mavalli war so etwas wie der Manager seines Bruders. Er hatte ihn am Donnerstag nach dem Training abholen wollen, aber Sergio war nicht aufgetaucht.

Nach einigen Tagen hatte Luigi zu seinem Erstaunen herausgefunden, dass Sergio von einem Verein namens *Juventus Hegenwald* gekauft worden war.

„Wie das passieren konnte, weiß ich nicht. Nur, dass dieser Verein hier sein soll!"

Uff.

KAPITEL 29

„Das war aus Versehen." Ich versuchte, besonders harmlos zu gucken.

„Warum schielst du denn, Tim?" (Mama! Das sagt sie auch immer, wenn wir Hosen kaufen wollen.)

„Was war aus Versehen?"

„Es war ein Softwarefehler. Das haben sie bei Ball-im-Netz zumindest gesagt. Ich habe das mit Papas Handy gespielt." Papa wedelte mit seinen Händen in der Luft herum, als ob er sagen wollte: **„Ich, mit meinem Handy!"**. Als ob das jetzt wichtig wäre! **„Und am nächsten Abend war Sergio da. Der echte. Einfach so!"**

Luigi blieb der Mund offen stehen. Lange. Sehr lange. Bis auf einmal sein Magen knurrte.

Dann aß Luigi doch mit uns Abendbrot. Er füllte sich vom Kartoffelsalat seines Bruders auf und erzählte. Fußball – da gehe es eben immer auch ums Geld. Und wo die Spieler in der nächsten Saison spielten, manchmal in der nächsten Woche, das könne sich schnell ändern.

„Was ist übrigens mit dem Geld?"

Tja. Ich wollte sagen: Geld ist nicht alles. Aber für einen Manager galt das vermutlich nicht.

Papa rettete mich. **„Sergio ist nicht mehr hier. Was wollen Sie jetzt machen?"**

„Nicht: Sie – Luigi, bitte Luigi und Du, für meine Freunde!“ Er lächelte wie Sergio und das tröstete mich.

Was hatte ich gerade fragen wollen? Ach ja: ***„Was wollen wir jetzt machen? Sergio ist weg!“***

„Der taucht schon wieder auf“, sagte Charlene und kämmte weiter Marthas Puppe, die sie so toll findet. ***„Sagt Mama auch immer, wenn ich mal was verloren habe. Mein Zauberpony oder so.“***

Luigi nickte und fing doch tatsächlich an zu weinen. Gar nicht so einfach, wenn Erwachsene weinen, finde ich. Also weinte ich einfach ein bisschen hinterher. Weiß nicht, was die anderen gemacht haben. Ist auch egal.

„Ich bin doch sein großer Bruder! Ich hab schon immer auf ihn aufgepasst. Er kommt doch ohne mich nicht klar!“

Mama tätschelte ihm den Arm.

KAPITEL 30

Auf einmal räusperte sich Konrad neben mir. Er guckte auf sein Handy. (Mama war gerade mit Tätscheln beschäftigt, da hatte er es aus seiner Hosentasche gezogen.) ***„Im Netz kursieren übrigens schon Gerüchte, dass er hier in der Gegend sein soll. Er ist schon von ziemlich vielen Leuten gesehen worden."***

„Hast du irgendwem davon erzählt?"

„Nein! Dann wäre der Spaß hier ja vorbei!"

In diesem Moment seufzte Luigi traurig und schnäuzte in sein Taschentuch.

Konrad stieß mich mit dem Ellenbogen in die Seite. ***„Ich hab übrigens ein paar heiße Infos über die Ball-im-Netz-Programmierer. Deshalb bin ich eigentlich gekommen. Sie sind die Inhaber der Firma und ein bisschen verrückt. Hubi und Stubi Körner. Zwillinge, alte Männer mit Bart. Guck mal!"***

Ich guckte mir zwei alte Männer mit Bart an. ***„Und?"***

„In einem Interview haben sie erzählt, dass sie immer ein bisschen Quatsch in ihre Computerspiele mit einbauen, und wenn man zu einer bestimmten Uhrzeit spielt, kann es sein …"

„… kann es sein, dass man aus Versehen einen Wunderstürmer kauft?"

Konrad nickte.

„Sie schreiben hier, dass sie beide Fußball lieben. Bei einem anderen Online-Game, da musste man den Rasen mähen, auf Zeit. Ein Spieler hat also einen schnelleren Rasenmäher gekauft. Im Spiel. Richtig teures Teil – und das wurde tatsächlich geliefert. Die Zocker-Zwillinge haben sich totgelacht, erzählen sie in dem Interview. Den Schaden haben sie aber bezahlt. Sonst würde ja keiner mehr die Spiele spielen!"

Ich bemerkte erst jetzt, dass in der Küche alle zugehört hatten.

„Ein Rasenmäher?"

„Die Zocker-Zwillinge?"

„Mein Bruder ist doch kein Rasenmäher!" Das war Luigi.

Ich dachte an die letzten Tage und an unseren Garten und holte schon Luft, um etwas zu sagen. Aber da ...

KAPITEL 31

... klingelte es wieder an der Tür.

Und wer stand davor?

Sergio Mavalli.

Er winkte lächelnd in seinem Trainingsanzug und wirkte ein bisschen verschwitzt. Neben ihm stand die Polizei. Wachtmeister Grün schob sich die neue blaue Mütze nach hinten. **„Wohnt dieser Herr hier?"**

Alle waren zur Tür gelaufen und drängelten sich jetzt am Türrahmen. **„Tag, Bertram. Ja, Herr Mavalli wohnt bei uns."** Das sagte Papa.

„Dieser Herr hat sich im Wald verlaufen, hat er gesagt, und dann nicht mehr zurückgefunden. In

Ludwigsbrück hat er jemanden angesprochen, der wusste, wo er angeblich wohnt."

„Und wer war das?"

„Max Pufenstein."

Langsam ging mir ein Licht auf. Max, der Angeber aus der Nachbarklasse, dessen Onkel der Trainer von Ludwigsbrück war.

„Gut. Vielen Dank, Bertram." Mein Vater schüttelte dem Polizisten die Hand und zögerte einen Moment. „Eine Frage hätte ich noch." Mein Vater holte tief Luft. „Dir kommt Herr Mavalli nicht irgendwie bekannt vor? Interessierst dich nicht so für Fußball, oder?"

Der Beamte schüttelte den Kopf. „Nee, wieso? Aber Richard, eine Frage hätte auch ich noch."

„Ja, bitte?"

„Welcher Wald?"

Martha: „Magst du uns gerne, Herr Polizist?"

KAPITEL 32

Die Mavalli-Brüder umarmten sich und lächelten um die Wette. Meine Mutter sorgte mit Armwedeln dafür, dass alle in unser Wohnzimmer gingen. Konrad verabschiedete sich, nicht ohne den Hinweis, dass er mir die Sache mit den Zocker-Zwillingen irgendwann genauer erklären müsse. Ja, okay. Dafür hatte ich jetzt keine Zeit.

Wir hätten sicher alle noch lange zugeguckt, wie die beiden Brüder in unserem Wohnzimmer um die Wette grinsten, wenn Clemens nicht auf sein Smartphone geguckt hätte. Macht er sowieso ständig, das ist nichts Besonderes. Diesmal war es das schon!

„Leute, die sind uns auf der Spur!"

Was?

Clemens erklärte, was er gerade gelesen hatte: **„Nicht nur Luigi, sondern auch einige Reporter haben davon Wind gekriegt, dass Sergio in Hegenwald ist!"** Er tippte auf sein tolles neues Handy, auf das er so wahnsinnig stolz ist.

Luigi stand auf und fluchte auf Italienisch. Es hörte sich immer noch sehr nett an.

„Wir müssen den Trainer anrufen!"

Das hatte Papa ja auch schon gesagt. Aber halt. Der Trainer, war das nicht ich? Ich wollte mich gerade melden, da ergänzte Luigi: **„Den Trainer vom FC Fortuna, Bror Blason. Die vom FC Fortuna müssen uns jetzt irgendwie helfen!"**

Sergio nickte.

„Wie hat eigentlich der FC Fortuna gegen Borussia gespielt?"

„Unentschieden."

SONNTAG – TAG 6

KAPITEL 33

Am nächsten Morgen, es war ein Sonntag, wachte ich wieder durch Lärm auf. Dieses Mal war es nicht Sergio.

Vor der Tür parkten Autos, die ich nicht kannte. Einige Männer standen zusammen, andere machten Fotos mit ihren Kameras, an denen vorne so lange und dicke Objektive dran waren.

„Was ist los?"

In der Küche saßen Mama, Papa und Luigi schon beim Frühstück. Sie blickten ernst.

„Das sind Reporter. Die belagern uns."

„Wo ist Sergio?"

„Der schläft noch, zum Glück!"

Und dann klingelte es *nicht* an der Haustür. Ich sage das deshalb, weil es so oft in diesen letzten verrückten Tagen an der Tür klingelte und immer komische Leute mit komischen Geschichten davorstanden.

Nein, diesmal klopfte es. An die Terrassentür im Wohnzimmer.

Echt.

KAPITEL 34

Wer es war?

Bror Blason. Der Trainer vom FC Fortuna. Mit einem anderen Mann im Trainingsanzug. Vielleicht sein Co-Trainer.

Bror Blason. Wahnsinn!

Mama öffnete und war gar nicht erstaunt. Erstaunlich!

„Guten Morgen, Herr Blason. Herzlich willkommen. Wir hatten miteinander telefoniert."

Bror Blason guckte erst ziemlich streng, dann lächelte er und gab uns allen nacheinander die Hand. Mama sagte dabei unsere Namen. Bei mir hob Bror Blason die Augenbrauen: ***„Kollege.“***

Ich schaffte es nicht, den Mund aufzumachen. Dann war er schon weitergegangen. Er klopfte Luigi auf den Arm, während er mit der anderen Hand Luigis Hand schüttelte.

„Na, das ist ja ein schönes Schlamassel, Luigi!“

„Jetzt wird alles wieder gut! Wir haben doch einen Plan.“

„Hoffentlich klappt der!“

Der Plan war dieser: Weil es allen zu peinlich war, zuzugeben, dass der Wunderstürmer aus Versehen durch einen Softwarefehler in einer App bei uns in Hegenwald gelandet war (also, bei mir!), sollte Bror Blason jetzt vor den Reportern sagen, dass das alles so geplant gewesen sei.

Sergio Mavalli sollte mit Absicht bei uns trainieren und sich auf das Rückspiel vorbereiten.

Alles klar?

Das wollte Bror Blason zusammen mit seinem Co-

Trainer gleich den Reportern vor unserer Tür ausführlich erklären.

Inzwischen war Sergio aufgestanden. ***„Guten Morgen, Chef!"***

„Guten Morgen, Sergio!", sagten Bror Blason und ich gleichzeitig. Bror Blason guckte mich komisch an und hob einen Finger, als wolle er noch etwas hinzufügen. Tat es aber nicht.

„Hast du in den letzten Tagen irgendwie trainiert, Sergio?" Blason fragte ziemlich streng und guckte erst ihn und dann mich an. Ich trat mal besser einen Schritt zurück.

„Klar, Ausdauer und Platzpflege und Laufen im Wald. Mit Orientierungssuche. Morgens Gymnastik im Garten, Einwürfe, Taktik und Einsatz in der Trainingslagerküche!" Sergio strahlte zufrieden.

Der Co-Trainer unterbrach uns und fragte nach dem Zeitplan, weil draußen schon so viele Reporter warteten. Er war ein langer, blasser Typ, der Kramer genannt wurde. Er wurde von Bror Blason hinausgeschickt, weil er den Reportern erzählen sollte, dass in wenigen Minuten die Pressekonferenz auf unserer Auffahrt beginnen würde.

„Aber erst einmal gibt es Kaffee."

KAPITEL 35

Aber nicht für uns. Martha und ich leisteten ganze Arbeit. Wir holten den Campingtisch aus dem Keller. Dann drei Klappstühle. Ich brachte auch einige Flaschen Wasser mit und Brause, gelbe und weiße. Sollte ja aussehen wie im Fernsehen, wenn die eine Pressekonferenz machen.

Kramer, der Co-Trainer, war auf die Straße gegangen und sprach mit den Reportern. Inzwischen waren noch einige dazugekommen. Zwischendurch zeigte Kramer immer wieder auf seine Armbanduhr.

Bald sollte es losgehen. Auf uns achtete niemand.

Ich baute alles auf, direkt vor dem Garagentor.

Die Flaschen stellte ich auf den Tisch. Martha stellte ein paar Marmeladengläser aus dem Keller dazu. Sie hatte es irgendwie falsch verstanden. Doch bevor ich die Marmeladengläser wieder wegnehmen konnte, ging es schon los.

Kramer führte die Gruppe Reporter an, einige hatten Fotoapparate in der Hand, andere Mikrofone, es waren auch welche dabei, die filmten.

Als sie auf der Auffahrt waren, öffnete sich unsere Haustür und Bror Blason, Luigi und Sergio Mavalli kamen heraus. Danach natürlich Mama, Papa, Martha (noch im Nachthemd, wie peinlich!) und sogar Clemens (angezogen und gekämmt!).

Co-Trainer Kramer eröffnete die Konferenz mit hoher Stimme: ***„Guten Morgen, meine Damen und Herren! Herzlich willkommen zu unserer kleinen Pressekonferenz hier in Hegenwald. Ich freue mich, dass wir Ihnen allen hier vor Ort den Verbleib unseres geschätzten Stürmers Sergio Mavalli erklären können! Zunächst wird der Trainer des FC Fortuna, Herr Blason, das Wort haben. Danach wer-***

den Sie natürlich noch Gelegenheit haben, Fragen zu stellen."

Mann, redeten die komisch!

Bror Blason hatte sich in die Mitte des Campingtischs gesetzt, Sergio und Luigi daneben. (Sergio schenkte sich gleich ein Glas Wasser ein. Hatte ich es nicht gesagt? Die machen das immer!)

Blason räusperte sich, guckte wieder sehr streng und sagte: ***„Meine Damen und Herren, es ist mir eine Freude, Sie hier neben Sergio Mavalli und seinem Manager Luigi begrüßen zu dürfen. Die vergangenen Tage waren nicht einfach."*** Hatte der eine Ahnung! Ich hatte doch die ganze Arbeit gehabt! ***„Wir hatten nach dem unglücklichen Halbfinalhinspiel das Gefühl, unseren Stürmer und Freund"***, er legte den Arm auf Sergios Schulter, ***„ein paar Tage fernab der Öffentlichkeit zur Ruhe kommen zu lassen. Kurz: Er war hier bei dieser reizenden, fußballbegeisterten Familie in Hegenwald!"***

Gemurmel unter den Reportern. Einige machten Fotos von uns, wie wir vor unserer Haustür standen, eine Stufe höher als der Pressekonferenztisch. Wie auf so einem Podest bei Olympia.

Martha machte Knickse. Papa lächelte komisch. Mama fasste sich immer wieder in die Haare.

„Nun war Erholung und Abstand das eine Ziel für Sergio. Das andere waren Konzentration und spezielles Training. Genau das haben wir mit der Familie …", er musste auf seinen Zettel gucken, weil er unseren Nachnamen nicht behalten hatte, **„… Familie Marksen so besprochen und verabredet. Eine ganz neue Methode der Erholung für Leistungsträger wie Sergio, eingebunden in einen normalen Familienalltag!"**

Die Reporter murmelten. Fotoapparate klickten, bei einigen ratterte es ganz oft.

„Es gibt schon erste Fragen?"

Kramer zeigte auf einen Mann, der sich vorne links gemeldet hatte. Es waren aber noch viele andere Hände in die Höhe geschossen. Mehr als beim Unterricht von Frau Tau auf jeden Fall.

Und wie viele Fragen die hatten: Was denn an den

Gerüchten dran sei, das alles sei ein Versehen gewesen, verbunden mit einem Softwarefehler? Und warum ausgerechnet Hegenwald, hatte der FC Fortuna nicht in den Chiemgau fahren wollen, plus Freundschaftsspiel? Ob wir Geld bekommen hätten? Ob Sergio Mavalli vielleicht irgendwie krank sei?

Einer mit großer Nase und langen Haaren, der in der zweiten Reihe in der Mitte saß, war besonders hartnäckig: ***„Und diese merkwürdige Geschichte sollen wir Ihnen glauben?"***

Bror Blason schenkte sich ein Glas (ich hatte ihm mein FC-Fortuna-Glas hingestellt!) gelbe Brause ein und guckte den mit den langen Haaren noch strenger an als die anderen. Er antwortete mit fester Stimme: ***„Glauben Sie, was Sie wollen. Unser Stürmer Sergio Mavalli hat sich hier prächtig erholt. Er ist ausgeruht. Wir vom FC Fortuna wollen neue Wege gehen, um den Erfolg für den Verein zu sichern und den Fans schönen Fußball zu bieten."***

Was soll ich sagen: Ich sah mehr als eine Stunde lang dabei zu, wie Bror Blason und später auch Luigi das

Blaue vom Himmel logen. Wahnsinn! Noch nie hatte ich Erwachsene so viel und so lange am Stück lügen sehen!

Das ganze Gerede wurde ein bisschen lang. Ich konnte nicht mehr ruhig stehen. Nur zweimal hörte ich genauer hin.

Einmal, da wurde Bror Blason gefragt, was für eine neue Trainingsmethode das denn genau gewesen sei, nach der Sergio bei uns trainiert habe.

Ohne zu zögern, sagte der erfahrene Trainer: ***„Es ist eine spezielle Mischung aus Lauftraining, Gymnastik, Gartenarbeit und Küchenhilfe. Eingebunden in den täglichen Ablauf einer Familie. Man nennt es die*** **TM-Methode**, ***nach seinem Erfinder.“*** Dann drehte Bror Blason wie nebenbei seinen Kopf und sah mich an. Ich glaube, er lächelte ein bisschen. Vielleicht nur so viel, dass alleine ich es sehen konnte. *TM-Methode*, damit war doch ich gemeint: Tim Marksen!

Ich wurde rot im Gesicht, ich konnte es fühlen.

KAPITEL 36

Doch halt. Da war ja der zweite Moment, als ich noch einmal aufmerksam wurde: Mareike – ja, genau die aus meinem Theaterkurs, in dem sie die Fee oder Feenprinzessin spielt, aber in cool, also: die jedenfalls spazierte mit ihrem Hund über den Bürgersteig an unserem Haus vorbei.

Der Hund bellte.

Wir guckten.

Sergio guckte. Bror Blason guckte. Die Reporter drehten sich um und guckten. Niemand sagte etwas.

Der Hund bellte immer weiter.

Mareike entdeckte mich und hob die Hand. Ich hob meine und stand, wie auf einem Gruppenfoto, neben meinen Eltern, meinem großen Bruder und meiner kleinen Schwester im Nachthemd.

„Was macht ihr denn hier?"

„Wir, ach, wir machen eine Pressekonferenz."

„Ach so. Na komm, Stracciatella." Ihre Eltern haben die Eisdiele am Markt und manchmal verkauft Mareike auch dort! Sie zerrte an ihrem bellenden Hund, der jetzt Schatten, unsere Katze, entdeckt hatte. ***„Soll heute heiß werden."***

„Ja, gut, oder?"

„Ja, dann wollen viele ein Eis."

„Bestimmt."

„Du auch?"

„Kann sein."

„Ich verkaufe ab Mittag. Tschüss."

„Ja. Tschüss."

KAPITEL 37

Puh.

KAPITEL 38

Was soll ich sagen? Natürlich guckten mich alle an. Klar.

Mein Gesicht fühlte sich an, als hätte ich einen Sonnenbrand.

Martha zerrte an meinem Hosenbein. Einige Reporter fotografierten mich und Mareike (von hinten!) und ihren Hund namens Stracciatella. Irgendwie war die Pressekonferenz damit zu Ende.

Bror Blason trank sein Glas leer. Sergio auch. Und Luigi? Der nahm sich doch tatsächlich ein Glas Erdbeermarmelade.

Richtig, Frühstück.

Das dauerte allerdings ein wenig, denn Bror Blason schickte Sergio zum Brötchenholen, und zwar für alle. Der Co-Trainer musste auf ihn aufpassen und auch die Reporter durften mit und darüber berichten.

Mama schnitt drinnen etwas von dem Graubrot von gestern auf und toastete es. Luigi und mir, vor allem wegen der Erdbeermarmelade, schmeckte es.

KAPITEL 39

Mama kochte neuen Kaffee und alle setzten sich an den Tisch im Garten. Papa hatte den Campingtisch dazugestellt.

„Wie soll es denn jetzt weitergehen?"

Bror Blason schlürfte aus seinem Becher (also, ich darf das nicht!) und wackelte mit dem Kopf. **„Damit die Presse die Geschichte wirklich glaubt, muss Sergio noch ein paar Tage hierbleiben. Wenn das ginge?"**

Papa nickte, Mama nickte. Ich ebenso.

„Was machen wir die ganze Zeit mit ihm? Immer nur in der Küche helfen, das geht nicht, und in den Garten kann man ihn auch nur lassen, wenn einer zum Aufpassen da ist. Sonst haben wir hier bald keine Blumen mehr, sondern einen Strafraum."
Mama lachte über ihren Witz. Wir anderen nicht so.

Clemens schaltete sich ein. Er hatte seine Haargardine ein wenig zur Seite geschoben, man hatte das Gefühl, er sei wirklich da. **„Sergio könnte mit uns trainieren, beim SC Hegenwald. Mit der A-Jugend."**

Bror Blason nahm das erste Mal von ihm Notiz. Er guckte streng. **„Aha. A-Jugend. Ah ja!"**

Das Letzte klang so, als hielte er nicht so viel von der Idee. Er schlürfte noch einmal von seinem Kaffee.

Clemens gab nicht auf: **„Am späten Nachmittag spielen wir gegen Momsenheim und nächste Woche auswärts gegen Teutonia Ludwigsbrück, das wird richtig schwer."**

„Das Nachbardorf." Papa beugte sich ein wenig vor und wollte irgendwie helfen. **„Die anderen gewinnen immer. Hegenwald hat nie eine Chance!"** Er lachte künstlich. Doof.

Bror Blason guckte mich an und merkte, dass ich das doof fand, was Papa gerade gesagt hatte.

„Was meinst du, Kollege?"

Ich überlegte kurz und sagte: **„Momsenheim verteidigt gut. Toller Torwart. Und die bei Ludwigsbrück sind spielerisch stärker. Geben besser ab. Laufen sich besser frei. Die wollen richtig gewinnen. Unsere**

Mannschaft will nur nicht verlieren!"

„Verlieren aber trotzdem?"

„Eigentlich immer."

Bror Blasons strenge Augen begannen auf einmal zu leuchten und er klopfte mir unerwartet auf die Schulter. Er murmelte noch einmal **„Kollege"**, als würde er es wirklich so meinen. Luigi fing an zu klatschen.

Mir wurde ganz komisch und ziemlich gut zumute.

KAPITEL 40

„So richtig trainiert haben wir mit Sergio eigentlich nicht."

Bror Blason lachte mich an. **„Doch, habt ihr. Vor**

allem ist der mal wieder runtergekommen, unser Wunderstürmer. Er soll ruhig weiter im Haushalt helfen, leichte Übungen im Garten machen, den Rest des Trainingsprogramms erledigen Kramer oder euer A-Jugend-Trainer. Kramer bleibt die nächsten Tage hier, aber du hast weiter ein Auge auf Mavalli. TM-Methode, ich verlasse mich auf dich. Und Waldlauf."

„Wir haben hier gar keinen Wald."

„Dir fällt schon was ein. Ich rede mit den anderen, selber kann ich nicht bleiben, hab ja noch ein paar andere Spieler, um die ich mich kümmern muss. Sergio muss unbedingt weiter hier wohnen. Wir können ja nicht vom Leben in einer normalen Familie reden und unser feiner Herr Wunderstürmer schläft dann ab jetzt im Hotel. Nein, nein, der muss bei euch bleiben. Sonst fliegt alles auf! Zumindest in den nächsten Tagen! Für Kramer und Luigi haben wir ein Zimmer gebucht."

„Und Sergio bleibt bei uns."

„Sowieso."

KAPITEL 41

Ich habe übrigens noch ein Eis gegessen. Am Nachmittag. Mareike hatte leider gerade einen anderen Kunden: einmal Schoko, einmal Nuss, einmal Rhabarber-Joghurt. Mich hat ihre Mutter bedient. Ich habe Zitrone und Karamell genommen. Schmeckte komisch zusammen, aber Mareike hat geguckt und gelacht. Das war gut.

Ach ja, und dann sind noch mehr Sachen passiert an diesem Tag. Zweimal Besuch. Max aus der Nachbarklasse, er machte wieder eine Bremsspur mit seinem neuen Superrad.

„Wo ist der Wunderstürmer? Schon wieder weg?"

Ich musste lachen, denn Max stand mit seinem Fahrrad genau dort auf unserer Auffahrt, wo vor einigen Stunden die Pressekonferenz mit Sergio und Bror Blason stattgefunden hatte.

„Ist nicht da. Kannst ja gucken!"

Das stimmte sogar. Sergio Mavalli war bei einer

Besprechung mit seinem Bruder und diesem Kramer im *Schwarzen Eber*, dem Gasthaus am Markt. Wir wollten uns später beim Spiel der A-Jugend auf dem Fußballplatz treffen.

Max kam ganz dicht an mich heran: **„Ohne mich würde der immer noch im Wald herumlaufen."**

„Es gibt hier gar keinen Wald."

„Auf jeden Fall habe ich ein Anrecht auf den. Der wusste überhaupt nicht, wo er war, und ich hab dem geholfen. Als kleine Gegenleistung könnte er lieber bei uns wohnen und mit Ludwigsbrück trainieren."

„Geht nicht."

„Warum nicht?"

„Bror Blason hat heute Morgen entschieden, dass Mavalli hierbleibt. Bei uns gab es eine Pressekonferenz. Kannst ja nachgucken!"

Das machte Max dann auch auf seinem Superhandy, das er immer herumzeigt. Komisch, dass er die Nachricht nicht gesehen hatte.

Er knurrte und fuhr tatsächlich einfach weg.

Konrad ließ auch nicht locker. Er kam kurz danach. Ich stand noch auf der Auffahrt.

„Mavalli bleibt?"

„Ja, der bleibt."

„Cool."

„Jep."

„Ich hab den beiden mal eine E-Mail geschrieben."

„Wem?"

„Na, den beiden Erfindern von Ball-im-Netz, Hubi und Stubi Körner."

„Den bärtigen alten Männern?"

„Richtig. Denen habe ich mal kurz geschrieben, wie es hier so gelaufen ist. Mit dem echten Sergio Mavalli. Mal ein bisschen auf den Busch geklopft."

Konrad sagt immer so Sachen, die er in Filmen gehört hat.

„Was heißt das?"

„Na, vielleicht melden die sich ja. Vielleicht erfahren wir dann, ob ich recht hatte und sie die Lücke in der App mit Absicht eingebaut haben."

KAPITEL 42

Das Spiel gegen Momsenheim war nicht gut. Es war sogar sehr schlecht, ziemlich das schlechteste Spiel, das die A-Jugend jemals abgeliefert hatte. Vielleicht kam es mir auch nur so vor, weil der Wunderstürmer zuguckte.

Sergio Mavalli stand an der Ecke, er hatte sich eine Schirmmütze von Clemens geborgt, denn er wollte nicht auffallen.

Herr Harr sprang vor der Trainerbank auf und ab, er rief und zeigte gestikulierend umher. Aber es half alles nichts. Clemens und die anderen rannten wie aufgeregte Hühner über den Platz. Einmal stießen sogar zwei Spieler von Hegenwald zusammen. Die Zuschauer lachten. Es stand schon 0:8. Bei jedem Tor klatschten und johlten die Besucher immer lauter, und zwar nicht nur die Fans von Momsenheim, sondern auch die von uns. Ganz schön gemein.

Ich stand auf der Bank hinter dem Mülleimer, ein

bisschen an der Seite. Hier konnte ich alles gut überblicken und ich sah alles: Kein Plan, keine Flanken, keiner vom SC Hegenwald wollte den Ball wirklich haben.

Sergio guckte manchmal zu mir herüber und wir machten ernste Gesichter.

In der Pause stellte ich mich an den Spielfeldrand.

„Ihr spielt wie ablaufendes Badewasser!"

Herr Harr konnte kaum sprechen, so heiser war er vom Schreien.

Clemens, Paul, den sie alle Calvados nannten, und sogar Ringo Malowski, alle guckten betreten zu Boden.

Die zweite Halbzeit war genauso schlimm, wenn nicht sogar noch schlimmer. Alex, der Torwart, wollte nach dem 0:17 gar nicht mehr aufstehen. Die Bälle hüpften Hegenwald von den Füßen, kein Pass kam an. Morten, einer der beiden Frensen-Brüder, rutschte der Ball beim Einwurf aus der Hand. Es war eine Katastrophe!

Die meisten Zuschauer aus Hegenwald waren schon gegangen. Irgendwann hatte es den Leuten wohl keinen Spaß mehr gemacht, die Jungs auszulachen. Nur die Anhänger von Momsenheim freuten sich natürlich. Auch ein paar Zuschauer aus Ludwigsbrück, unserem nächsten Gegner, waren da. Ich konnte es an ihren Trainingsjacken erkennen, auf denen der Vereinsname stand.

Max aus der Nachbarklasse war ebenfalls dabei, er krakeelte vorne an der Absperrung. ***„Ihr seid echt die besten Verlierer, die ich kenne!"***

Die Umstehenden lachten.

Später ging ich mit Sergio nach Hause. Clemens und seine Kumpels duschten noch. Wir wollten nicht warten.

„Die schaffen das in der nächsten Woche nie. Gegen Ludwigsbrück wird es mindestens genauso schlimm, ausgerechnet!"

Sergio ging neben mir, ich schob mein Rad. Es war das erste Mal, dass er nicht hüpfte, joggte oder sonst irgendwie trainierte.

„Das war schon übel. Dabei können die doch spielen. Hat man ja auch gesehen."

Ich sah ihn fragend an. **„Die haben gerade 0:18 verloren."**

„Neulich beim Training war das anders."

„Da hast auch du mitgespielt."

„Ja, aber die anderen waren trotzdem gut. Weil sie zusammen Spaß hatten. Du hast doch gesehen, was sie können. Du hast immer so Zeichen mit den Fingern gemacht, wie sie am besten spielen sollen. Ich hab das gemerkt."

Das war mir jetzt ein bisschen peinlich.

„Ich glaub, du wärst ein richtig guter Trainer!"

„Was?"

„Klar, du hast kapiert, wie das Spiel läuft und was als Nächstes passieren muss. Das können nicht viele."

Wir gingen ein Stück, ohne etwas zu sagen. Mein Gesicht wurde wieder warm, als hätte jemand gerade den Föhn angemacht. Sergio holte tief Luft.

„Als ich früher im Schrebergarten bei Opa und Oma gespielt habe, da haben wir oft verloren. Die Schröder-Jungs, der lange Bodo, Luigi und ich."

„Luigi hat auch mitgespielt?"

„Im Tor. Er war sehr gut, weil er sehr breit war."

„Wunderplunder."

Mavalli lachte nicht, er war ganz ernst. „Unser Opa hat uns manchmal zugeguckt. Ich fand das super, dass er guckt, weil ich ihm zeigen wollte, was ich Tolles konnte. Freistöße, Tore, einfach alles. Eines Tages hat er mich vor seine Werkstatt gerufen."

„Seine Werkstatt?"

„Im Schuppen waren seine Schlosser-Sachen, davor hat er immer irgendetwas gefeilt oder gesägt. An diesem Tag hat er mir etwas gegeben."

„Und was?" Wir bogen um die Ecke in unsere Straße ein.

„Eine Kette, nur ein kurzes Stück. Nicht so eine wie für ein Fahrrad. Es war eine mit großen Gliedern, wie man sie zum Absperren braucht. Er hatte in die Kette noch andere Ringe eingebaut. Einige Ringe waren ganz klein wie bei einem Schlüsselanhänger, andere waren größer, wie für eine Gardine oder so."

„Und was sollte das?"

Sergio Mavalli blieb stehen. Ich auch. Er sagte: ***„Er hat gesagt: ‚Mein Junge, vieles kannst du alleine machen, aber Fußball spielt man zusammen!' Dann hat er mir die Kette geschenkt."***

„Hast du sie noch?"

Sergio Mavalli nickte und lächelte.

MONTAG – TAG 7

KAPITEL 43

Ja, und was soll ich sagen? Am nächsten Tag beruhigte sich die ganze Lage ein bisschen.

Herr Harr war natürlich damit einverstanden, dass Sergio mit der A-Jugend trainierte. Ach was, er war hocherfreut, einen Weltklassespieler wie Sergio bei seinem Training dabeizuhaben, und auch die Mannschaft hatte Lust, trotz der Niederlage gestern. Das Training sollte jetzt jeden Tag stattfinden, bis zum großen Spiel am kommenden Wochenende gegen Teutonia Ludwigsbrück.

Ich stand beim ersten Training nicht weit von Herrn Harr entfernt am Rand des Platzes. Herr Harr hatte zwei Trillerpfeifen um den

Hals. Erst dachte ich, er würde mir eine abgeben wollen. Stimmte aber nicht.

An den ersten Abenden waren viele Zuschauer gekommen und guckten vom Rand des Fußballplatzes zu, wie die A-Jugend trainierte und, natürlich, was Sergio Mavalli machte.

Zuerst machte er Quatsch für die Fotografen, doch dann absolvierte Sergio das Training von Herrn Harr wie die anderen. Komische Hüpfübungen zum Warmwerden und Passtraining. Er zeigte ein paar von seinen Freistoßtricks, sodass Alex, der lange Torwart der A-Jugend, ganz schön ins Schwitzen kam.

Am Ende klatschten die Zuschauer und Herr Harr pfiff auf seiner zweiten Pfeife, dass das Training nun zu Ende sei.

DIENSTAG – TAG 8

KAPITEL 44

Es war komisch. Nach knapp zwei Tagen war gar nichts mehr komisch daran, dass Sergio Mavalli bei uns wohnte. Er musste ebenso arbeiten gehen wie meine Eltern. Zum Training. Er saß mit uns am Frühstückstisch. Er half sogar beim Abtrocknen, was schon ein bisschen nervte. Denn meine Mutter guckte mich dann immer so an, als wollte sie sagen: Na, guck mal: Sergio macht das, ohne zu maulen!

Konrad war anscheinend neben den Zuschauern (die auch schon weniger wurden) der Einzige, der sich nicht so richtig beruhigen konnte. Immer wieder sprach er über *Ball-im-Netz* und die beiden komischen Programmierer. Auf dem Schulhof oder auf dem Nachhauseweg.

„Mann, Tim. Die Sache wird immer heißer. Die Zwillinge haben mir nicht geantwortet."

„Und warum?"

„Ja, genau, das ist die Frage! Und die Antwort ist: Weil ich sie ertappt habe!"

„Vielleicht hatten sie einfach keine Lust. Oder keine Zeit."

MITTWOCH – TAG 9

KAPITEL 45

Nach dem Training am Mittwoch lud Sergio alle Spieler der A-Jugend zu einem Eis ein. Natürlich auch Herrn Harr (immer noch zwei Pfeifen! Ich hatte schon befürchtet, es würden jeden Tag mehr werden. Stimmte zum Glück nicht!) und mich. Klar. Luigi war ebenfalls gekommen.

Also: Zu der Eisdiele kamen ebenfalls ein paar von den Zuschauern mit. Aber die wären vielleicht sowieso mitgekommen. Es war ein schöner, warmer Abend. Meiner Mutter hatte Sergio heute Nachmittag vor dem Training schon angekündigt, dass er uns zu einem Eis einladen wolle. Luigi würde bezahlen, sagte er und lachte. Deshalb würden wir vermutlich zu spät kommen für das Familienabendbrot und dann hatte er gelächelt und meine Mutter hatte zurückgelächelt. Das muss der mir mal zeigen (und die Einwürfe auch!), wie man das macht.

Jedenfalls standen wir alle vor der Eisdiele von Mareikes Eltern. Sie half heute Abend mit und hob sogar kurz die Hand. Allerdings füllte sie Servietten in den Spender und teilte kein Eis aus.

„Karamell ist ganz frisch!"

„Nehme ich sowieso immer."

„Ich auch. Und Beeren-Joghurt."

„Ich auch." Stimmte nicht, aber das war jetzt egal.

Sie nickte und strahlte. Ich kann gar nicht sagen, wie.

Wenig später saßen wir alle an der Straße, die wenigen Bänke reichten nicht aus für die ganze A-Jugend und alle anderen, die mitgekommen waren. Luigi aß eine Schlemmertüte mit Schokosoße.

Mareike kam zu mir. Auch sie hatte, genau wie ich, eine Kugel Karamell. Mit einer kleinen Haube Sahne obendrauf.

„Das ist komisch, der war heute Nachmittag

schon mal da. Mit einem Typen im dunklen Anzug." Sie flüsterte, was mir gut gefiel.

Ich flüsterte zurück. ***„Was war denn so komisch? Die Schlemmertüte? Luigi isst eben gern. Oder der Anzug?"***

Sie rückte ein Stück näher. Das gefiel mir noch besser, auch wenn ich mich nicht mehr so gut auf meine beiden Kugeln Eis konzentrieren konnte.

„Der war zusammen mit dem Co-Trainer und dem Bruder von Mavalli da. Die haben alle eine Schlemmertüte gegessen. Mit extra viel Sahne! Der Typ im Anzug hat bezahlt."

Zwei Schlemmertüten an einem Tag? Und der andere hat bezahlt?

Es war kein Beweis, aber ich hatte da so ein Gefühl. Irgendwie ein ungutes. So fängt es im Fernsehen auch immer an, wenn der Kommissar einer schlimmen Sache auf die Spur kommt.

KAPITEL 46

„Meine lieben Freunde!"

Sergio hatte sich erhoben. Man sah einen Eisfleck auf seiner Trainingsjacke. Er breitete die Arme aus und wedelte, als wolle er uns zusammentreiben. Klappte auch. Wer noch redete, der hörte spätestens jetzt auf.

Luigi streckte seinem Bruder einen nach oben gereckten Daumen entgegen.

Was war hier los?

„Meine lieben Freunde!" Er sagte auch manchmal Sachen zweimal. Zweimal. Genau wie ich! **„Ich wollte mich mit dem Eis bei euch bedanken. Dafür, dass ich mit euch trainieren durfte. Dafür, dass ich einfach so beim SC Hegenwald mitspielen durfte. Dafür, dass ich …"**, er zeigte auf Clemens und mich, **„… einfach bei euch wohnen durfte. Beim Stress der letzten Wochen tat das einfach nur gut!"** Er lächelte und alle anderen lächelten mit. Ich ebenso.

„Heute wird leider unser letzter Abend sein, denn

ich werde morgen früh wieder zum FC Fortuna zurückkehren. Am Freitag, viele wissen das sicher, haben wir ein schweres Bundesligaspiel gegen TuS 96. Am kommenden Mittwoch das Rückspiel gegen AS International. Es war eine schöne Zeit, die ich nie vergessen werde!"

Wir waren alle sprachlos. Was hatte er gesagt? Dass er morgen wieder fahren würde?

Aber das war doch gegen die Abmachung! Sie hatten doch versprochen, dass Sergio bis zum Rückspiel bei uns bleiben würde!

„Buh!" Das rief der lange Alex, der bei der A-Jugend im Tor stand. Vielleicht hatte er auch sowieso genug von Sergio Mavallis Schüssen auf sein Tor.

„Buh!" Das waren die Verteidiger, die Frensen-Brüder. Dann schlossen sich der Sturm und die Ersatzspieler an, die Zuschauer, Mareike, mein Bruder. Danach das Mittelfeld mit Ringo Malowski.

Und ich: ***„Buh!"*** Aber nur ganz leise.

Und Sergio?

Er ging lächelnd, ein bisschen weniger als sonst vielleicht, mit langsamen Schritten zu seinem Bruder, der sich schnell den Rest der Schlemmertüte in den Mund schob. Er hatte eine Sporttasche dabei! Die musste Luigi zwischendurch bei uns zu Hause abgeholt haben!

Die ersten Eiswaffeln, noch nicht ganz leer gegessen, flogen hinter Sergio her, eine traf ihn am Bein. (Die fliegen eben nicht so gut!) Er drehte sich nicht einmal um. Die Mavalli-Brüder stiegen nacheinander in einen großen, dunklen Wagen. Vorher hatten sie die Tasche in den Kofferraum gepackt. Die Limousine fuhr los.

Und sie waren weg, nur das leise Brummen des Motors war zu hören.

Nein.

Da war noch etwas.

Herr Harr blies in seine Pfeife. Die zweite. Schrill und laut.

Aber es half nichts.

KAPITEL 47

Ich war fertig. Ich war wütend und traurig und fand nicht die Worte, die ich gerne gesagt hätte. Meine Mutter strich mir über die Haare. In meinem Zimmer nahm ich alle Poster von Sergio Mavalli ab, ach was, ich riss sie ab!

Und dann heulte ich, bis es nicht mehr ging.

Clemens verschwand wieder hinter seiner Haargardine und hörte über Kopfhörer laute Musik. Auch Papa und Mama waren enttäuscht. Nur Martha irgendwie nicht. Sie gab eine Pressekonferenz vor ihren

Tieren und dachte sich komische Gründe aus, warum Sergio weggefahren war.

„Meine lieben Herren. Hergio musste schnell weg, weil er zu Hause Schnee schippen musste. Danach musste er zum Zahnarzt, der guckt immer nach, ob er auch gut geputzt hat, das hatte er beim letzten Mal nämlich nicht, und deshalb will die Zahnärztin diesmal besonders genau gucken …"

„Ach Quatsch, Martha! Der ist einfach weg, weil das immer so ist. Erwachsene halten nie das, was sie versprechen. Auch keine Weltklassestürmer, die aus Versehen für ein paar Tage bei einem zu Hause wohnen! So ist das!"

Ich hätte vermutlich noch mehr geschimpft, wenn ich nicht wieder hätte heulen müssen.

So.

DONNERSTAG – TAG 10

KAPITEL 48

Nichts mehr.

Kein Fußball.

Kein Handyspiel.

Kein Fernsehen, kein Sportteil in der Zeitung.

Ich hatte genug.

Am Nachmittag nach der Schule machte ich an unserem Küchentisch erst einmal ausführlich Hausaufgaben. Meine Mutter und selbst Martha wunderten sich ziemlich.

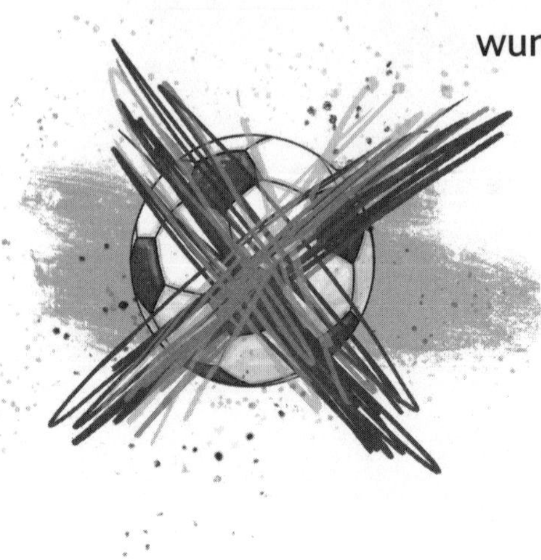

Für die anstehende Biologiearbeit wusste ich bald gut Bescheid. Ich kannte meine Englischvokabeln. Ich kannte die Hauptstädte für

Erdkunde und hatte die Extraaufgaben für Mathe gemacht. Die mache ich sonst nie.

Und dann?

Dann gab mir Mama ein paar Euro für ein Eis. Sie sagte nichts weiter dazu. Das war das Beste.

FREITAG – TAG 11

KAPITEL 49

Am Freitagabend ist die ganze Familie meistens zusammen. Wir dürfen etwas länger aufbleiben, vorher spielen wir etwas gemeinsam oder gucken einen Film.

Davor gibt es meistens Pizza, die Papa nach der Arbeit backt.

Heute wollten wir das auch so machen. Papa trug wieder seine komische Schürze, die er mal auf dem Rummel gewonnen hatte und auf der **„Ich bin der Chef!"** steht.

Ich deckte den Tisch, als es klingelte.

Mein Vater ging zur Tür und fummelte an dem Knoten der Schürze herum, um sie abzunehmen. Ich flitzte an ihm vorbei.

Es klingelte noch einmal.

KAPITEL 50

Und jetzt hatten wir den Salat.

Wirklich. Ich öffnete.

Vor der Tür stand eine ältere Frau.

In der Hand hielt sie einen Zettel.

„Ja, bitte?"

„Entschuldigen Sie bitte die späte Störung, aber es ist wichtig. Mein Name ist Elfriede Klefisch und ich komme aus …"

„… Wuppertal!" Das hatte ich gesagt.

Mein Vater guckte mich verständnislos an. Gleichzeitig mit der älteren Frau (beinahe im Chor, es klang ganz lustig) fragte er: **„Woher weißt du das?"**

Ich zeigte auf das Auto, ein Kleinbus, das an der Straße parkte. Darauf stand **„Klefisch – Kartoffelsalat frisch auf den Tisch"** und dann noch irgendetwas mit Wuppertal.

„Sie sind die Oma von Sergio. Die mit dem Kartoffelsalat!"

Sie lachte und reichte uns die Hand. Mein Vater war nach wie vor sprachlos.

„Kommen Sie doch bitte rein!"

„Ja, das mache ich, die Schuhe ziehe ich allerdings aus. Ich weiß, das macht immer so einen Dreck, das können sich die meisten Leute gar nicht vorstellen …"

Die Oma redete wie ein Wasserfall (sagt Frau Tau immer).

Mama kam auch dazu. In der Küche war der Tisch halb gedeckt, jedoch hatte niemand Zeit, das zu beanstanden.

„Erst einmal kochen wir jetzt Tee, Frau Klefisch. Setzen Sie sich doch bitte!"

Papa hatte den Knoten der Schürze gelöst und zog sie aus. Mama stellte Becher auf den Tisch, während der Wasserkocher zu knurren anfing (macht er wirklich, das ist kein Zischen oder Brummen, sondern ein Knurren, wie bei einem erkälteten Hund, nur länger).

Oma Klefisch sah nett aus, aber auch so, wie Leute aussehen, die ziemlich streng werden können. Die Haare waren wie aus grauem Draht, sie trug einen lila

Pullover und einen Rock, der irgendwie zu kurz wirkte.

„Verzeihen Sie den Überfall an einem Freitagabend. Sicher störe ich Sie und Ihre Familie. Allerdings konnte ich nicht länger warten!“

Martha schob einen Puppenwagen in die Küche und beachtete die Oma gar nicht.

„Dann schießen Sie mal los!“

Elfriede Klefisch schlürfte ein bisschen von dem sicher noch heißen Tee, den Mama ihr hingestellt hatte, und begann: **„Ich weiß alles. Ich habe alles mitgekriegt. Ich weiß von dem Handyspiel und dass Sergio angeblich bei Ihnen einen Erholungsurlaub machen sollte. Das ist mir alles bekannt. Aber …“** Die wusste echt, wie man es spannend machte! Jetzt trank sie einen Schluck von ihrem Tee, diesmal länger. **„… deshalb bin ich nicht hier. Das Profifußballgeschäft ist komisch, da kann sich eine alte Geschäftsfrau wie**

ich nicht so recht daran gewöhnen. Was mir an der ganzen Sache allerdings ganz und gar nicht gefallen hat, das ist, wie sich meine Enkel Ihnen gegenüber benommen haben. Einfach so abhauen, nach all dem, was Sie für Sergio und für Luigi getan haben!" Die Oma war richtig aufgeregt. ***„Das kann man so nicht machen und das habe ich den Jungs auch klipp und klar gesagt. Man kann die beiden wirklich nicht einen Augenblick lang aus den Augen lassen! Erst alles ganz toll finden und dann hauen sie nach ein paar Tagen ab, um Werbefotos für eine Zahnpasta zu machen. Also wirklich, nein!"***

„Moment mal, das war der Grund?"

„Natürlich. Die haben ziemlich viel Geld angeboten bekommen, sonst hätte Luigi Sergio nicht dazu überreden können, aus Hegenwald abzuhauen, um irgendwo die Werbefotos für eine neue Zahnpasta zu schießen. Diese Halunken. Und deshalb …", jetzt machte sie wieder eine Pause, aber dieses Mal trank sie nicht aus dem Becher, ***„… deshalb sind wir jetzt bei Ihnen. Sie sind wieder hier!"***

Pause.

Der Zeiger an der Küchenuhr war zu hören. Ist er sonst nie.

Ich fragte: **„Was?"**

Die Oma stand feixend vom Tisch auf und lockte uns ans Fenster. Von hier aus konnte man ziemlich gut in ihren Wagen gucken. Und wer saß da drin?

Sergio. Vorn.

Luigi. Dahinter.

Wahnsinn!

KAPITEL 51

Wenig später standen zwei Männer mit ziemlich großen Blumensträußen vor unserer Haustür, die Köpfe schuldbewusst gesenkt. Eine Tasche daneben, aus der Geschenke herausguckten.

„Wir wollten uns entschuldigen. Es kommt be-

stimmt nicht wieder vor." Sie murmelten es gemeinsam.

Ich drehte mich um und ging weg, ab in mein Zimmer. Tür zu, an den Wänden hingen noch keine neuen Poster.

Das ging nicht so einfach!

Ich warf mich aufs Bett, setzte mir die Kopfhörer auf und machte Musik an.

Was bildete sich dieser angebliche Wunderstürmer eigentlich ein?

Glaubte er, er könnte mit ein paar Blumen alles wiedergutmachen?

„Und wahrscheinlich hat er vermutlich seine Oma vorgeschickt. Feige war das!"

Ich klopfte im Takt der Musik auf die Bettdecke und murmelte vor mich hin.

Plötzlich klopfte da auf einmal noch etwas. An der Tür! Es dauerte ein bisschen, bis ich es merkte.

Die Tür ging auf und etwas flog herein!

Ein Flugzeug, aus Papier. Es war buntes Papier. Die Tür wurde wieder geschlossen.

Es war ein Papierflieger, gefaltet aus einem Werbezettel.

Und dann stand da eine unglaubliche Liste von verschiedenen Kartoffelsalaten mit Würstchen und Gürkchen, mit Mayonnaise oder Schnittlauch und vielem mehr. Über all das hatte jemand mit Filzstift geschrieben:

„LIEBER TIM, WOLLEN WIR ES NOCH EINMAL PROBIEREN? KEINE WUNDER, NUR FUSSBALL! DEIN SALATFREUND SERGIO!"

Ich musste lachen und wischte mir schnell die letzte Träne weg.

Es klopfte nämlich schon wieder. Mama.

„Kommst du runter, Tim?"

Ja, das machte ich. Zum Glück bemerkte es zunächst nur Sergio, der mich ernst ansah.

„Wieder gut?"

„Wieder was?"

„Wieder Salat?"

„Du bist vielleicht ein Würstchen!"

Unser Kichern wurde lauter, sodass bald alle mitgackerten.

Papa schob die Pizza in den Ofen und ich stellte ein paar Teller dazu. Die Oma schickte Luigi hinaus zum Wagen. Er brachte eine ziemlich große Transportschüssel mit Kartoffelsalat mit. Klar, irgendwie. Es wurde ein ganz besonderes Abendbrot mit viel Essen und noch mehr Gerede!

Luigi erzählte am meisten, was ziemlich schwierig war, weil er auch am meisten essen wollte. Wir mussten schon wieder ziemlich laut lachen. Selbst die Oma, die ihn immer wieder davon abbringen wollte, mit vollem Mund zu reden.

Es war eigentlich die Idee des Mannes im Anzug gewesen, des Typen, mit dem er neulich eine Schlemmertüte gegessen hatte: ein paar Tage mitspielen, hier in Hegenwald bleiben und dann abhauen, so schnell es ging! Das hatte er ihnen geraten und ihnen viel Geld versprochen.

So.

Luigi hob die Schultern. **„Es war so viel Geld, das die uns geboten haben …"**

„Geld ist nicht alles!" Das kam von der Oma. Diesen Satz hatte ich schon einmal gehört.

„Ich musste den ganzen Tag so machen!" Sergio lächelte breit und drehte seinen Kopf hin und her, bis wir alle lachen mussten, auch die Oma. **„Ganz schön anstrengend."**

„Geschieht dir recht."

„Alles für die Zahnpasta!"

„Alles für das Zahnwunder."

„Zahnstürmer."

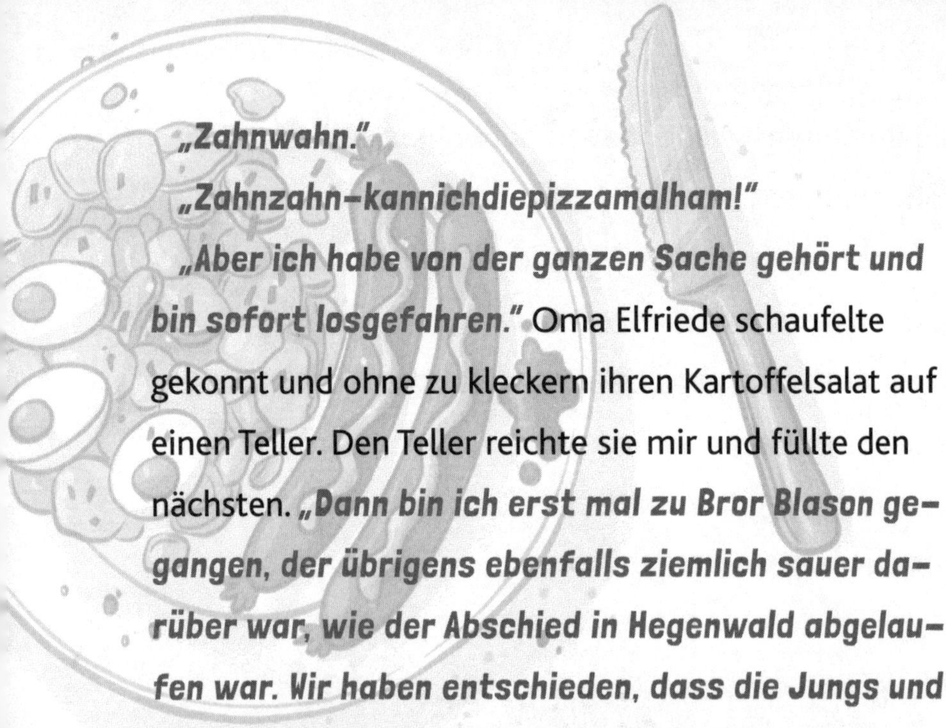

„Zahnwahn.“

„Zahnzahn-kannichdiepizzamalham!“

„Aber ich habe von der ganzen Sache gehört und bin sofort losgefahren.“ Oma Elfriede schaufelte gekonnt und ohne zu kleckern ihren Kartoffelsalat auf einen Teller. Den Teller reichte sie mir und füllte den nächsten. ***„Dann bin ich erst mal zu Bror Blason gegangen, der übrigens ebenfalls ziemlich sauer darüber war, wie der Abschied in Hegenwald abgelaufen war. Wir haben entschieden, dass die Jungs und ich bei euch die Sache geradebiegen müssen.“***

„Sie hätten doch auch anrufen können!“

Die Oma hatte inzwischen fünf Teller gefüllt und sie herumgereicht. Keiner wagte, ihn abzulehnen, nicht einmal Martha. Clemens war übrigens in der Zwischenzeit dazugekommen und war ziemlich erstaunt (soweit man das durch seine langen Haare hindurch überhaupt sehen konnte).

„Aber nein. Das wäre nicht gegangen. Einige Dinge muss man selbst klären und wir wollen bleiben. Zumindest ein bisschen. Ist der Keller noch frei?“

KAPITEL 52

Natürlich war der Keller noch frei. Wir hatten bisher keine Lust gehabt, alles wegzuräumen.

„Ich könnte auch im Schuppen schlafen!" Luigi guckte ängstlich zu seiner Oma und anschließend zu mir. Sie hatte bestimmt ziemlich mit ihm geschimpft. **„Unsinn, du kannst doch im Wagen schlafen, das haben wir schon besprochen."** Die Oma regelte das. Okay.

„Am Mittwoch ist doch das Rückspiel mit Fortuna! Musst du dich nicht darauf vorbereiten?" Ich hatte Sergio die Frage direkt gestellt.

Und was tat er?

Klar, er lächelte. Das Lächeln sah für mich nicht mehr so aus wie auf den Postern, die über meinem Bett gehangen hatten. **„Klar. Vorbereitung. Machen wir hier. In ein paar Tagen fahren wir zurück."**

Bevor ich noch etwas sagen konnte, passierte was?

Genau, es klingelte an der Haustür.

KAPITEL 53

Herr Harr hatte ebenfalls Blumen in der Hand, aber andere als die Mavalli-Brüder. Blau-weiße, wie die Vereinsfarben vom SC Hegenwald.

Wollte er sich auch entschuldigen?

Nein.

„Ja, also, die Sache ist die: Ich bin hierhergekommen …"

„Mögen Sie Kartoffelsalat, mein Herr?" Die Oma füllte schon wieder auf und Herr Harr, der bisher in unserer Küche keinen so richtig angeguckt hatte, hob den Kopf. Er lächelte Frau Klefisch an.

„Gern."

Dann aß er ein bisschen und danach hatte er wieder genug Kraft, um weiterzureden. **„Ich bin gekommen, weil ich Sie um etwas bitten wollte!"** Herr Harr wandte sich Sergio zu. **„Ich bin ziemlich ratlos, was ich mit meiner A-Jugend machen soll. Übermorgen ist das wichtigste Spiel der Saison. Gegen Teutonia**

Ludwigsbrück, die kennen Sie ja schon, unseren Erzrivalen aus dem Nachbardorf. Aber meine Spieler wollen nicht antreten!"

„Was?"

Ich war nicht der Einzige, der das gerufen hatte.

„Warum das denn?"

„Sie sagen, sie haben sowieso keine Chance und wollen sich nicht schon wieder auslachen lassen wie in den letzten Spielen. Deshalb haben sie verabredet, beim Spiel nicht zu erscheinen."

Herr Harr wirkte sehr traurig, seine beiden Trillerpfeifen schaukelten an seinem Hals.

Clemens. Wo war er?

Mein Bruder versuchte gerade, rückwärts und möglichst leise aus der Küche zu schleichen. Schlechte Idee, er trat gegen die Transportkiste für den Kartoffelsalat.

„'tschuldigung."

„Du auch, Clemens?"

„'tschuldigung."

Bevor wir weiterfragen konnten, übernahm Sergio das Wort.

„Und ich soll Ihnen helfen? Wie das denn?"

„Na, Sie sind doch der Wunderstürmer. Würden Sie das tun?"

Da fiel mir etwas ein. *„Moment mal, Herr Harr, woher wussten Sie überhaupt, dass Sergio Mavalli wieder da ist? Das weiß doch keiner außer uns!"*

Die Blicke wanderten langsam zu Clemens.

„'tschuldigung", sagte er ein weiteres Mal und hielt sein Handy hoch. Klar. Er hatte es Herrn Harr geschrieben und der war sofort gekommen.

„Ich möchte mich auch bei Ihnen entschuldigen, Trainer. Ich muss Sie und Ihre ganze Mannschaft genauso enttäuscht haben wie Tim und seine Familie. Wenn ich Ihnen helfen kann, dann mache ich das gerne!"

Es klang ein bisschen feierlich, wie Sergio das sagte. Es wurde sogar noch besser.

„Wir machen das gerne." Das war Luigi.

„Ja, wir machen das gerne, meine Jungs und ich. Noch ein Teller Kartoffelsalat? Ist ein altes Familienrezept. Alles beste Ware, Herr Trainer."

Danach redeten alle durcheinander und die Oma füllte Herrn Harr schon wieder auf.

So wäre das sicher auch noch ein bisschen länger gegangen, wenn nicht Sergio irgendwann auf den Fingern gepfiffen hätte (das möchte ich auch können!).

Was kam jetzt?

Sergio stand auf und sagte: ***„Ich mache mit, morgen früh fangen wir an. Aber ich habe eine Bedingung."***

„Ja, bitte?"

„Tim wird mein Co-Trainer. Keiner kann das so wie er." Danach guckten natürlich alle. Herr Harr schaute wie ein Fragezeichen (wenn es Augen hätte).

Und dann nickte er. Und lächelte.

Wie cool war das denn?

SAMSTAG – TAG 12

KAPITEL 54

Am nächsten Tag begannen wir früh mit der Arbeit. Wir klapperten die Haustüren ab und klingelten die Spieler der A-Jugend aus den Betten. Clemens zeigte uns, wo. Wir weckten sie, und als die Spieler schlaftrunken in der Haustür standen, wurden sie erst richtig wach, wenn sie den Wunderstürmer sahen.

Bald folgten uns 15 Spieler durch die Straßen auf dem Weg zum Fußballplatz.

Wir trainierten in mehreren Gruppen.

Gymnastik und Beweglichkeit, das machte Herr Harr. Er konnte das einfach am besten: Hüpfen, Dribbeln, Anlaufen und so weiter.

Tor: Da arbeitete Luigi mit jeweils drei Feldspielern und einem Torwart. Der lange Alex sollte anfangen.

Die Oma hatte eine weitere Truppe unter sich, die erst einkaufen und danach kochen würde (was wohl?). Das Essen sollte später gebracht werden.

Mein Freund Sergio und ich übernahmen das Taktiktraining. Wir besprachen und übten am anderen Tor, gegenüber von Luigi.

Alle 15 Spieler wechselten die Stationen und alle fanden die neue Trainingstaktik gut. Das war das Erstaunliche: Keiner aus der A-Jugend wollte nicht mehr mitmachen.

Ach, und noch etwas: keine Handys. Ich hatte sie alle vor dem Training eingesammelt, auch die von Luigi und Sergio, was Clemens und seine Kumpel mit Klatschen quittierten.

Es war toll. Bis zum Mittag hatten wir schon viel erreicht. Beinahe alle hatten alles gemacht. Und ich hatte den Eindruck, dass die Spieler besser geworden waren. Viele lachten, man klatschte, die Stimmung war gut. Manchmal ging ich herum und guckte mir die verschiedenen Übungen an. Robert zum Beispiel machte bei den Übungen von Herrn Harr total gut mit, aber später, beim Tor- und Torwarttraining, da wollte er den Ball so schnell wie möglich loswerden.

„Was ist mit dem los?", fragte ich Sergio in einer Pause.

„Typischer Fall von Ballangst. Ist ganz verbreitet, da gibt es viele Beispiele. Der Spieler hat Angst vor Fehlern, Fehlpässen, vielleicht weil er gerade einen Elfmeter verschossen hat. Das kommt vor."

„Was macht man dagegen?"

Sergio lächelte. *„Wundermittel."*

„Vom Wunderstürmer."

Aber erst mal gab es Mittagessen. Nein, doch keinen Kartoffelsalat. Diesmal Nudeln mit Soße und zum Nachtisch Schokoladenpudding, selber gekocht, so wie es wohl nur Omas können.

„Abwasch machen die Trainer." Das hatte Herr Harr bestimmt und wir fügten uns. Oma Klefisch teilte in der Mittagspause die Handys an ihre Besitzer aus und machte ein Nickerchen im Gras. Ich guckte mich noch um, bevor wir zum Abwasch zu uns nach Hause fuh-

ren. Die Spieler saßen alle auf dem Rasen verteilt und guckten auf ihre Handys. Keiner hatte den Platz verlassen.

„Wie teilen wir die gleich ein?" Luigi reichte mir die Teller, ich spülte, Herr Harr und Sergio trockneten ab.

„Keine Ahnung. Vielleicht fragen wir die Jungs selbst?"

„Eine Halbzeit, wie sie wollen, und in der anderen stellen wir auf." Das hatte ich gesagt. Herr Harr klopfte mir auf den Rücken.

KAPITEL 55

Als wir wieder beim Sportplatz ankamen, fielen mir zwei Fahrräder auf. Sie waren leuchtend gelb, hinten dran jeweils mit einem vollgepackten Anhänger und einem Wimpel. Das Zeichen darauf kam mir irgendwie bekannt vor, aber mir fiel nicht ein, woher ich es kannte. Und überhaupt, ich hatte jetzt ganz andere Dinge zu tun.

Vor dem Spiel wollten wir Robert noch ein bisschen helfen, seine Angst zu verlieren. Gar nicht so einfach. Aber ich hatte mir etwas überlegt, was vielleicht klappen konnte.

Ich rief ihn zu mir. Er kam, die Arme hingen schlaff an den Seiten.

Ich wollte alleine mit ihm reden, ohne Sergio.

„Hör zu", fing ich an (tat er auch, denn die Oma hatte die Handys wieder eingesammelt!), ***„du spielst viel besser als ich. Ich kann dir da gar nichts sagen, aber wir brauchen unbedingt einen Torjäger – und das bist du!"***

Er nickte, sah allerdings so aus, als würde er es nicht glauben.

„Wir machen ein Experiment. Du läufst einmal vom eigenen Tor zum gegnerischen. Kriegst du das hin, ohne hinzufallen?"

Robert lachte ein bisschen. Das hatte ich gewollt.

(Billiger Scherz, das mit dem Hinfallen, ich weiß, trotzdem hatte es geholfen.)

Inzwischen hatten die anderen Spieler sich auf dem Feld aufgebaut. Schön verteilt. Das Beste war: An den Torpfosten standen die Oma und Sergio. Im Tor der dicke Luigi.

Robert und ich liefen auf den Platz. Alle Spieler trugen gelbe Leibchen, nur Robert nicht.

Ich gab ihm den Ball. Herr Harr pfiff.

Robert dribbelte los.

Die anderen Spieler sollten ihn angreifen, allerdings nicht stoppen, nicht foulen, eher so wie beim Slalom einen geraden Weg verhindern.

Dabei riefen sie: **„Los, Robert! Ich komm nicht ran, du bist zu schnell!"**, manche reckten auch die Arme hoch, wenn er vorbeilief.

Vor dem Tor zeigten Mavalli und seine Oma mit den Händen (total überflüssig, sah aber lustig aus!) ins Tor, also in die Richtung, in die er schießen sollte, und hinter ihm rückte die Mannschaft klatschend und jubelnd nach.

Dann schoss Robert und zwar direkt auf den Mann, in diesem Fall auf Luigi. Er hatte gut getroffen, der Ball flog nach rechts, halb hoch. Luigis Hände zuckten vor.

Gehalten!

Mist!

Und Robert? Der jubelte trotzdem, als hätte er gerade das tollste Tor der Welt geschossen.

Uff. Das war geschafft.

KAPITEL 56

Das erste Trainingsspiel lief nicht so gut. Herr Harr und Luigi standen am Rand, aber die Mannschaften waren einfach nicht gut verteilt. Clemens und Robert hatten als Kapitäne ihre jeweiligen Mannschaften gewählt. Allerdings funktionierte es nicht. Sie spielten schlecht. Kaum ein Pass kam an, keiner hatte eine Idee, zu wem er spielen sollte. Es wirkte, als ob jeder Spieler einen Platz zum Verstecken suchte.

Sergio und ich tauschten Blicke. Wie sollten wir es nur schaffen, damit wir morgen wenigstens einigermaßen mit Ludwigsbrück mithalten konnten? Dann klingelte Sergios Handy und er ging ran. Ich guckte hinüber zu den gelben Fahrrädern. Sie standen jetzt komischerweise hinter dem Vereinsheim.

Der Pfiff von Herrn Harrs Trillerpfeife riss mich aus meinen Gedanken.

„Alle mal zusammenkommen!"

Ich sah, wie Herr Harr schon Luft holte, um zu schimpfen.

„Moment!" Sergio kam zurück. Er hatte etwas in der Hand, einen kleinen Beutel. **„Alle mal herhören."** Sergio lächelte, aber er sah dabei ein bisschen traurig aus. **„Ich wollte es euch eigentlich erst heute Abend geben. Allerdings habe ich gerade erfahren, dass ich doch schon früher zurück zum FC Fortuna muss. Morgen ist das Sonntagsspiel in der Bundesliga**

gegen den DSV Hansa und davor Extratraining, ihr kennt das ja!"

Einige lachten. Alle hatten sich um ihn herum auf den Rasen gesetzt. Ich auch. Ich wusste, genau wie die anderen, nicht, was mein Freund vorhatte. **„Oma und Luigi werden mich begleiten, sie müssen schließlich auf mich aufpassen."**

Wieder Gelächter.

„Mein großes Spiel ist erst am Mittwoch, eures schon morgen." Sergio kramte im Beutel herum. **„Ich kann leider nicht bleiben. Kleines Extratraining für den Torjäger!"** Er zwinkerte Robert zu, der nicht mehr ängstlich aussah. **„Haben wir ja vorhin auch gemacht."** Jetzt kriegte Robert rote Ohren.

Sergio Mavalli holte die Kette aus dem Sack. Die, von der er mir erzählt hatte. Die, die sein Opa ihm gemacht hatte, um ihm zu erklären, wie man Fußball spielt. Kleine Ringe, ein paar große, Kettenglieder, Schlüsselringe. Es klapperte. Luigi stieß die Oma an, beide erkannten die Kette und strahlten.

„Die hat mir unser Opa gemacht. Der war

Schlosser. Eine Fußballmannschaft ist wie eine Kette, hat er mir beigebracht. Jeder gehört dazu. Wenn einer fehlt, ist da eine Lücke, und wenn man verliert, verliert man zusammen. Das kann auch morgen passieren. Oder ihr gewinnt, auch zusammen. Dann schießt ein Tor für mich mit rein!" Er drehte die Kette in seinen Händen, sie klirrte ein wenig. ***„Ich hatte das ein bisschen vergessen, wie das ist, Teil einer Kette zu sein. Aber hier in Hegenwald hat mich jemand wieder daran erinnert."*** Sergio zeigte auf mich. ***„Mein Freund Tim!"***

Nach dieser Ansprache waren zuerst alle still. Doch kurze Zeit später fingen sie an zu klatschen und zu jubeln, als hätte gerade einer ein Tor geschossen. Alle waren aufgestanden und waren dichter herangekommen.

Sergio Mavalli hatte mir beim Aufstehen die Hand gegeben. Er überreichte mir die Kette, die sein Opa für ihn gemacht hatte, wie einen Pokal. Weil die anderen nicht aufhörten mit Klatschen, hob ich sie schließlich wie ein Boxchampion über den Kopf und Sergio hob ebenfalls die Hände und hakte seine Zeigefinger ineinander, während die Daumen einen Kreis bildeten. Genau so!

KAPITEL 57

Da waren plötzlich zwei Typen aufgetaucht, die mitgeklatscht hatten. Gelbe T-Shirts, Bärte, komische Haare, wie ein Topf. Sie sahen ziemlich gleich aus. Während der Abschiedsszene hatten sie hinter der Absperrung gestanden und offenbar alles mitgekriegt. Neben ihnen standen die beiden gelben Fahrräder mit Anhänger.

Im nächsten Moment wusste ich, wer das war.

Der Jubel hatte sich etwas gelegt und ich ging rüber zu den beiden alten Männern in den gelben T-Shirts.

„Tag."

„Tag."

„**Tag.**"

„**Ich weiß, wer Sie sind.**"

Die beiden alten Männer sahen sich an. So sahen sie sich noch ähnlicher. Als ob einer in den Spiegel schauen würde.

„**Sie sind Hubi und Stubi Körner, die beiden Programmierer von Ball-im-Netz, die Zocker-Zwillinge!**"

Sie freuten sich sichtlich, dass ich sie erkannt hatte.

„**Waren gerade in der Nähe.**"

„**Dachten, wir gucken mal vorbei!**"

Was?

Sie lachten und kamen einen Schritt näher. Der eine hob die Hand. „**Nein, nein. Wir wollten natürlich zu dir. Du bist Tim, oder?**"

„**Und das da hinten ist der Wunderstürmer!**"

Sergio Mavalli verabschiedete sich gerade von jedem einzelnen Spieler, Luigi machte es ihm nach und natürlich auch die Oma.

„**Hm.**"

„**Mmh.**"

Was sollte das heißen? Ich drehte mich wieder zu den bärtigen, gleich aussehenden Männern um.

„Wir wollten uns entschuldigen."

„Genau, das wollten wir."

Dann sagten sie unisono: **„Entschuldigung!"**

„Sie wollen sich dafür entschuldigen, dass ich aus Versehen den Wunderstürmer bei Ball-im-Netz gekauft habe? Dafür, dass mein Papa riesige Sorgen hatte, 30 Millionen zahlen zu müssen? Dafür, dass der Wunderstürmer bei uns zu Hause alles durcheinandergebracht hat? Dafür, dass auch noch sein Bruder und seine Oma bei uns aufgekreuzt sind? Dafür, dass er mit der A-Jugend vom SC Hegenwald trainiert hat? Und dafür …", jetzt musste ich zwischendurch mal Luft holen, **„dass ich jetzt Trainer und mit dem Wunderstürmer befreundet bin?"**

Die bärtigen Männer in den gelben T-Shirts nickten.

„Ja."

„Ach, schon gut."

Ich musste grinsen – und sie auch. Gemeinsam brachen wir in Gelächter aus.

KAPITEL 58

Hubi und Stubi Körner waren schon vor einigen Tagen mit dem Fahrrad losgefahren. Hinten in den Anhängern waren ein Zelt und allerlei Sachen, die man fürs Camping brauchte.

„Wir sind gern draußen."

„Sehr gern. Draußen."

Die A-Jugend war in der Zwischenzeit gegangen. Es wurde keine zweite Halbzeit mehr gespielt, was auch okay war. Die Oma hatte ihnen allen noch eine Weckzeit auf den Handys eingestellt, sodass sie morgen Vormittag um elf Uhr nicht zu spät kämen. Um zwölf war das Spiel.

Luigi und die Oma waren schon zu uns nach Hause gegangen, um zu packen. Herr Harr half beim Tragen.

„Gnädige Frau, das ist doch Ehrensache!"

„Bin gar keine ‚gnädige Frau', aber tragen helfen können Sie trotzdem", hatte die Oma gesagt und sich gefreut.

Einer der beiden, Hubi oder Stubi, ich wusste nicht, wer von ihnen wer war, hatte inzwischen einen Gaskocher aus dem Anhänger geholt.

„Trinken wir einen Kaffee oder Kakao zusammen? Kannst ‚Du' zu uns sagen."

„Zusammen Kaffee oder Kakao? Unbedingt ‚Du', nicht ‚Sie'! Ach, und schöne Grüße von Evi übrigens."

Evi? **„Ach, die, mit der ich immer telefoniert habe bei Ball-im-Netz!"**

„Ja, richtig, ist meine Tochter", sagte der eine.

„Ist meine Nichte." Das sagte der andere.

Dann baute er den Kocher auf und sein Bruder holte Kanne und Topf. **„Die hat ganz schön geschimpft mit uns. Sie hat auch gesagt, dass wir uns entschuldigen müssen. Deshalb sind wir losgefahren."**

„Warum habt ihr nicht einfach angerufen?"

Die Brüder guckten sich an. **„Einige Dinge muss man persönlich klären."**

„Außerdem hat es so ein paar Tage länger gedauert."

„Wir dachten, das könnte ein bisschen Spaß machen!"

Sie glucksten wieder und ich musste ebenfalls lachen.

Schweigend schlürften wir kurz danach aus den Blechtassen warmen Kakao. Dann brummte der eine Bruder, dann auch der andere. Es klang, als wollten sie etwas sagen. Wollten sie auch.

„Würden gern noch bleiben, um morgen beim Spiel zuzugucken."

„Bräuchten nur einen Platz für unser Zelt heute Nacht."

Die Tür des Vereinsheimes quietschte. Helmut mit der Mütze, der Platzwart, kam heraus und winkte uns zu.

„Ich hab da so eine Idee."

Wenig später hatte Helmut mit der Mütze den Brüdern einen Platz für ihr Zelt hinter dem Ballschuppen gezeigt. Waschen konnten sie sich im Vereinsheim. Heute Abend wollten sie gemeinsam Sportschau gucken, vielleicht kam Helmut die Gesellschaft der Zwillinge ganz recht. Und morgen würden die drei den Platz gemeinsam für das A-Jugend-Spiel vorbereiten.

Sergio Mavalli und ich gingen zusammen zurück nach Hause.

„Und du? Darfst du morgen in der Bundesliga gegen DSV Hansa mitspielen?"

„Ja, wahrscheinlich schon. Aber", er hob den Finger, **„der Trainer entscheidet und ich stelle mich ganz in den Dienst der Mannschaft."**

„Wunderdienst."

„Luigi fährt, hat einen Wagen gemietet und Oma muss nach Wuppertal zurück."

„Wo ist der Opa?"

„Der ist gestorben. Ist schon ziemlich lange her. War kurz nachdem er mir die Kette gegeben hatte."

„Willst du sie denn nicht wiederhaben?"

„Nee. Ich glaub, du kannst sie viel besser gebrauchen, vor allem morgen. Du passt einfach gut auf sie auf."

Es war eigentlich keine Frage gewesen. Trotzdem sagte ich leise: **„Ja"**.

KAPITEL 59

Es war schon traurig, also der Abschied. Luigi saß bereits im Auto. Herr Harr, der auch noch da war, holte den schweren Koffer der Oma aus dem Haus und Sergio Mavalli, der Wunderstürmer, verabschiedete sich von meiner Familie.

„Vielen, vielen Dank für alles."

„Ja, wir danken auch."

„Danke, Mann!"

„Gern."

„Gerne."

„Gern geschehen."

„Danke, danke, danke."

„Hergio, kommst du mal wieder zu uns und hilfst mir bei den Hausaufgaben?"

Ich sagte nicht mehr viel. Musste ich auch nicht. Schließlich kam Sergio zu mir und lächelte, wir umarmten uns kurz, als hätte einer von uns beiden ein Tor geschossen nach dem Pass des anderen.

Sie fuhren los. Sergio und Luigi. Und waren weg.

In meiner Tasche fühlte ich die Kette von Sergio Mavalli.

KAPITEL 60

Dann passierte noch etwas.

„Ah! Aua!" Das war Herr Harr, der den Koffer getragen hatte. Er war ganz krumm und beugte sich vor. **„Ah! Aaaah!"** (Frau Tau, meine Deutschlehrerin, sagt immer, das ist Comicsprache und so darf man nicht schreiben. Aber es ist genau das Geräusch, das Herr Harr gerade machte.)

„Was ist los?"

„Der Rücken, ich kann mich nicht bewegen!" Herr Harr keuchte. Die Oma war sofort bei ihm, genauso wie Mama und Papa.

„Hexenschuss, ganz klar!"

„Können Sie sitzen, Herr Harr?"

„Nein. Aaah!"

Wir haben einen Krankenwagen gerufen und die Sanitäter haben Herrn Harr mitgenommen. Mama hat uns erst einmal erklärt, warum so ein Hexenschuss so furchtbar wehtut und was das überhaupt ist (Ein Nerv ist am Rücken eingeklemmt. Üble Sache).

Ach so. Eines noch: Die Oma ist dem Krankenwagen hinterhergefahren. Vielleicht hatte sie ein schlechtes Gewissen, weil ihr Koffer so schwer war.

TAG 13

KAPITEL 61

Am nächsten Morgen war nichts besser. Ich war immer noch müde, in meinen Träumen hatte ein Stürmer, der Sergio Mavalli sehr ähnlich sah, das Fußballtor mit Ketten verhängt, sodass Robert hundertmal dagegen schießen konnte, ohne dass der Ball reinging.

Oma Klefisch rief schon früh aus dem Krankenhaus an. **„Uwe kann auf gar keinen Fall kommen!"** Ich wusste erst nicht, wen sie meinte, weil Herr Harr für mich immer nur Herr Harr war, ohne Vornamen. **„Er hatte gestern Abend sehr starke Schmerzen, die Ärzte haben ihm ein Schlafmittel gegeben und jetzt schläft er."**

Aha. Was hieß das jetzt?

„Du musst heute den Trainerjob übernehmen, Tim. Hat Uwe selbst gesagt, bevor er eingeschlafen ist.

Ich würde am liebsten bei Uwe bleiben. Wäre das in Ordnung für dich?"

Klar war es das.

„Und traust du dir das zu, heute der Trainer zu sein?"

„Klar."

Klar?

Wahnsinn.

KAPITEL 62

Auf einmal war ich sehr wach.

Ich sprang unter die Dusche und machte schon unter dem Wasserstrahl erste Pläne für die Aufstellung. Beim Anziehen hatte ich dann wieder Angst und das Gefühl, dass ich das nie schaffen würde. So wechselte das ungefähr dreimal pro Minute.

Unten saßen Mama und Papa schon beim Frühstück.

„Was wollte die Oma denn? Geht es Herrn Harr besser?"

„Nein, gar nicht." Ich erzählte kurz, was passiert war. Martha war inzwischen wach geworden und hockte mit ihrer Babypuppe Sergio auf dem Schoß am Tisch. Ob ich ihn anrufen sollte? Seine Handynummer hatte ich. Aber was würde das bringen? Der Wunderstürmer würde nicht kommen können.

Während wir frühstückten, schob ich auf einmal das Honigglas und den Eierbecher hin und her. Mama verstand, was ich tat. Sie rückte den Brotkorb zur Seite, ich brauchte Platz.

Wenn ich Calvados links aufstellen würde (ich rückte das Erdbeermarmeladenglas ins zentrale Mittelfeld) und Clemens dorthin?

Inzwischen hatte auch mein Vater begriffen, was ich machte. Er stellte den Salzstreuer und die Butter dagegen, sie griffen mein Mittelfeld-Erdbeerglas an.

Der Becher von Martha lief sich frei, Doppelpass mit meinem Becher (es spritzte ein bisschen, doch das war jetzt egal), der Orangensaft hatte sich freigelaufen, ich

zögerte, spielte aber lieber nach links, wo Mama inzwischen ihren Eierbecher in perfekte Schussposition gebracht hatte.

„Kann Hergio auch mitspielen? Der hat nämlich Hunger." Martha hatte ihre Puppe auf den Tisch gesetzt.

Stimmt, ich brauchte einen richtigen Stürmer. Kopfballstark, ballsicher. Einen, der roch, wohin der Ball kommt. Clemens! Warum eigentlich nicht?

„Es gibt Läufer und Künstler auf dem Platz. Das hat Clemens immer zu mir gesagt. Und er ist ein Läufer. Warum eigentlich?"

Keiner wusste eine Antwort. Das machte auch nichts. Ich wusste sie selbst.

„Mein kleiner Hergio hat jetzt erst einmal Hunger und danach muss er schlafen. Danach muss ich ihn wieder wickeln." Martha holte meinen Stürmer vom Tisch. Aber ich hatte ja schon einen anderen im Kopf.

KAPITEL 63

Clemens war kurz danach wach. Ich hörte, wie er die Treppe herunterkam.

„Können wir mal kurz miteinander reden?"

Dann ging es los. Ich war schon lange vor elf Uhr auf dem Platz. Die Zocker-Zwillinge hatten sich ein frisches gelbes T-Shirt angezogen. Sie pumpten Bälle auf.

Ich hatte schon mal meine Flasche unter die Bank der Heimmannschaft gestellt. In der Jackentasche meiner Trainingsjacke fühlte ich die Kette von Sergio Mavalli. Die Metallringe waren ganz schön warm.

Helmut mit der Mütze kümmerte sich um den Schiedsrichter, der gerade gekommen war. Sie gingen über den Platz und kontrollierten die Tore und Eckfahnen.

Noch waren keine Zuschauer da. Es würden aber welche kommen. Sergios Besuch würde viele Neugierige anlocken, auch wenn er gar nicht mehr da war.

So.

Und wen wollte ich nun spielen lassen?

Langsam trafen die anderen Spieler der A-Jugend vom SC Hegenwald ein. Alex, der Torwart, Ringo Malowski mit der lauten Stimme (den ich deshalb nicht so mochte), die Frensen-Brüder Thomas und Morten, Paul, den sie alle Calvados nannten (Clemens' bester Freund), Robert, der Stürmer ohne Angst, und eben alle anderen. Ich war die Namen und Gesichter in den letzten Stunden oft durchgegangen. Alle wussten schon, dass Herr Harr nicht kommen würde.

„Wie soll das denn gehen ohne ihn?"

„Wir können auch gleich aufgeben!"

Ich hörte die Zweifel und in meinem Bauch grummelte es gewaltig. Um den Platz sammelten sich langsam die ersten Zuschauer.

Ich blieb noch ein paar Minuten draußen, die Jungs gingen sich inzwischen umziehen. Alle waren gekommen.

Als ich der Mannschaft in die Kabine folgte, waren alle bereits umgezogen, die Tasche mit den überzäh-

ligen Trikots stand neben der Tür. Auch die Zocker-Zwillinge kamen hinterher. Ich stellte sie kurz vor.

Alle schauten mich erwartungsvoll an.

Ich weiß nicht, warum ich das machte, was ich dann machte. Ich zog meine Trainingsjacke aus. Darunter trug ich mein Sergio-Mavalli-Trikot vom FC Fortuna. Ich zog das T-Shirt aus und nahm mir eines aus der Tasche von Hegenwald. Es war ein bisschen lang. Machte aber nichts. Wie ich schon mal erzählt habe, spiele ich selbst gar nicht gut Fußball. Jetzt hatte ich trotzdem ein SC-Hegenwald-Trikot an. Es fühlte sich gut an. Und richtig.

„So." Ich guckte jedem einmal ins Gesicht und holte die Kette von Sergio Mavalli aus der Jackentasche. **„Ich weiß nicht, wie wir heute gewinnen sollen, aber eins weiß ich: Es geht nur so."**

Ich ließ die Kette ein bisschen rasseln.

Dann klopfte es an die Kabinentür. Es war ein bisschen wie bei uns zu Hause (nur schlechtere Luft), allerdings ohne Türklingel. Immer kommt etwas dazwischen.

„Hallo? Ich wollte etwas vorbeibringen." Es war Oma Klefisch. Sie steckte ihren grauen Lockenkopf zur Tür herein. **„Uwe, also Herr Harr, schläft immer noch. Doch das hier brauchst du vielleicht, dachte ich."** Sie gab mir eine seiner Trillerpfeifen. Ein Raunen ging durch die Umkleidekabine. Clemens und seine Kumpels erkannten die Pfeife.

„Ich warte draußen." Der Kopf von Oma Klefisch verschwand hinter der sich schließenden Tür.

Ich guckte in die Runde und wusste, was zu tun war.

Ich nahm das Band mit der Trillerpfeife und knotete es an das eine Ende der Kette. Sie baumelte ein bisschen.

Was passierte dann?

Erst einmal nichts.

Kein Fuß rutschte über den Boden, keiner hustete. Alle guckten gespannt auf mich und die Kette.

Plötzlich stand Ringo Malowski auf, holte seinen Fahrradschlüssel aus der Tasche, hob ihn hoch, sodass alle ihn sehen konnten, und befestigte den Fahrradschlüssel am Band der Trillerpfeife. Also an der Kette.

Alex, der Torwart, nahm sein Stirnband ab und knotete es ebenfalls dazu. Danach kam Robert (Socke), mein Bruder Clemens (Handykabel) und alle anderen nacheinander. Jedes weitere Teil, das die Kette länger machte, wurde beklatscht und bejubelt. Zum Schluss banden die Zocker-Zwillinge jeweils einen Schnürsenkel an die Konstruktion und die ganze Mannschaft hielt die inzwischen sehr lang gewordene Kette quer durch die Kabine.

Auf einmal wusste ich auch, wie wir spielen würden.

KAPITEL 64

Natürlich fing das Spiel mit dem Pfiff an.

Aber jetzt war es noch nicht so weit.

Klar.

Ich hatte die Spieler gefragt, wo sie am liebsten spielen wollten, und einige wollten sogar erst einmal auf der Bank sitzen.

Ringo war Kapitän, Robert spielte natürlich vorne, Calvados zentrales Mittelfeld. Mein Bruder zweite Spitze und hinten die Frensen-Brüder.

Ich hatte mir zu Hause einen scharfen Hustenbonbon eingesteckt (die eigentlich nur Papa mag). Im Mund wurde es ein bisschen kalt und dann warm.

Auf den Treppen rund um den Platz waren schon ziemlich viele Menschen versammelt. Die Mannschaft von Teutonia Ludwigsbrück machte sich bereits auf der einen Hälfte warm.

Max rief mich. Er schrie meinen Namen quer über den Platz.

Ich winkte.

Mit dem konnte ich mich jetzt nicht befassen.

Mit seinem Onkel Heribert schon, der ja die A-Jugend trainierte. Der hatte nur wenige Haare, seine Trainingsjacke spannte über dem dicken Bauch.

„Ich hab gehört, dass du jetzt der Trainer bist?"

Ich nickte.

„Noch könnt ihr aufgeben. Würde jeder verstehen: Trainer nicht da, Kind als Ersatz, Mannschaft hat kein Talent und der Wunderstürmer ist weg."

Heribert, der Onkel, rollte mit seinen Augen.

„Wir geben nicht auf. Wir spielen Fußball."

Das hatte ich gut gesagt. Manchmal schafft man es doch, zur richtigen Zeit das Richtige zu sagen (in der Schule klappt das auch manchmal. Aber zu selten, sagt Frau Tau). Jedenfalls zog sich der Onkel im Trainingsanzug zurück.

Das Spiel begann.

KAPITEL 65

Pfiff. Anstoß.

Ball nicht bei uns. Ludwigsbrück drückte.

Wir wehrten uns, mit elf Mann standen wir in unserer Hälfte. Clemens (ausgerechnet) stoppte einen der Ludwigsbrücker und schoss den Ball ins Aus.

Danach Ringo, wieder ins Aus.

Robert: weg damit.

Das war meine Taktik: weg damit, immer ins Aus, immer das Spiel unterbrechen.

Jetzt machte es Morten, einer der Frensen-Brüder. Sehr schön.

Wenn der Ball im Aus war, klatschte meine Mannschaft und ich auch. Sie warteten immer auf mein Zeichen. Zweimal.

Klatschklatsch.

Jedes Mal. Klatschklatsch.

Bald machten es die Zuschauer nach: Klatschklatsch.

Die Spieler von Teutonia Ludwigsbrück zuckten das

erste Mal richtig zusammen. Sie blieben stehen, einige sahen sich um. Bei jedem Spiel ins Aus klatschten mehr Leute. Die Ludwigsbrücker kamen immer schlechter ins Spiel. Klatschklatsch.

Aber welches Spiel? Sie versuchten, an uns vorbeizukommen, und wir schossen den Ball immer und immer wieder ins Aus. Calvados hatte es gerade gemacht. Klatschklatsch. Die Leute auf der Treppe und den Hängen an der Seite johlten.

Der Schiedsrichter, ein langer, junger Mann mit Locken, war ebenfalls ratlos. So ein komisches Fußballspiel hatte er noch nie gesehen. Pfiff. Aus, Klatschklatsch.

In der Pause mussten wir in der Kabine erst einmal alle ziemlich lachen. Vor allem, weil Hubi und Stubi Körner die Spieler von Ludwigsbrück so gut nachmachen konnten.

„Hört mal!“ Ich wartete kurz, bis alle zu mir blickten. ***„Ich bin nicht sicher, ob wir so weitermachen können.“***

„Wieso, klappt doch prima!"

„Ja, aber in der zweiten Halbzeit werden sie sich überlegen, wie sie an uns vorbeikommen. Ich schlage deshalb vor, dass wir etwas anderes probieren. Wie beim Kartoffelsalat!"

Und so machten wir es.

KAPITEL 66

Zweite Halbzeit.

Die Zuschauer fingen mit dem Klatschklatsch an, sobald wir wieder auf dem Platz standen.

Ich sah mich um. Viele der Zuschauer kannte ich. Herr Koslowski, Frau Koslowski, Charlene (neben Martha und ihrem Puppenwagen, versteht sich). Mareike lehnte ganz vorne, sie winkte, ich winkte zurück. Bei den Fans von Ludwigsbrück konnte ich auch Max stehen sehen.

Viele klatschten, genauso wie im Spiel: Klatschklatsch.

Das war ein tolles Gefühl. Ich fragte mich, wie wichtig es eigentlich war zu gewinnen. Besser konnte es doch kaum werden.

Erster Angriff der Teutonen: toller Einwurf, Mittelfeldspieler freigelaufen, ein Pass in die Spitze, Ball abgegeben an einen, der mitgelaufen war … und Schuss! Alex konnte den Ball gerade noch am Pfosten vorbeilenken.

Klatschklatsch.

Ecke.

Alle versammelten sich in unserem Strafraum. Ein Spieler der Teutonia legte sich den Ball zurecht.

Es wurde Zeit für den Kartoffelsalat. Ich hob die Arme, genau in dem Moment, als der Eckschütze Anlauf nahm.

„Kartoffelsalat umrühren!"

Ich brüllte es und meine Spieler auch. Währenddessen drehten wir uns einmal um uns selbst, die Arme in der Luft (das war das Umrühren, kapiert?).

Der Schütze verzog, der Ball kullerte nur ein paar Meter weit und die Zuschauer lachten. Sie lachten mit uns und sie lachten Ludwigsbrück aus.

Ringo nahm den Ball an sich und schickte meinen Bruder mit einem Ruf nach vorne, Clemens kriegte den Ball und behielt ihn komischerweise sogar. Flanke zu Robert. Der hielt sein Knie nach vorne. Der Ball traf. Robert traf auch. Tooooooor.

Wahnsinn, wir führten 1:0! Und das nur durch so einen Quatsch.

Der Trainer von Teutonia Ludwigsbrück, Max' Onkel, sprang auf und ab. Er schimpfte auf den Schiedsrichter, auf meine Mannschaft (vermutlich auch auf mich, ich konnte nicht alles verstehen) und den ganzen Verein.

Wir spielten weiter mit unserer Torsicherung (Klatschklatsch) und doch gab es so manchen Angriff. Ab und zu riss ich die Arme hoch und schrie ***„Kartoffelsalat umrühren!“***. Daraufhin drehten wir uns alle um uns selbst. Bald machten auch die Zuschauer mit (sie brüllten sogar das ***„Umrühren“*** mit!).

Hubi und Stubi Körner kamen alle paar Minuten zu

mir und erzählten, wie lange das Spiel noch gehen würde.

Doch dann passten wir einen Moment lang nicht auf. Fünf Minuten vor Schluss (hatten zumindest die Zocker-Zwillinge gesagt) ließ sich der Außenstürmer von Ludwigsbrück den Ball nicht abnehmen. Clemens hatte ihn verpasst. Einer der Frensen-Brüder kam auch zu spät. Pass zum zentralen Mittelfeldspieler, der auf einmal allein vor Alex und unserem Tor stand. Er schoss. Keine Chance. Tor.

Mist.

Als Erstes ließ ich mal den ***„Kartoffelsalat"***-Quatsch bleiben. Jetzt ging es ums Ganze. Nach dem Tor und dem Anpfiff danach hatte Ludwigsbrück uns den Ball wieder abgenommen. Unsere Sicherung funktionierte nicht mehr. Zweimal nacheinander rettete Alex uns mit Hechtsprüngen in die Ecke. Kein Tor. Uff.

Der Schiedsrichter guckte schon auf die Uhr und die Zocker-Zwillinge kamen an meine Seite.

Abstoß Alex, Morten Frensen übernahm, Querpass zu seinem Bruder, der zu Ringo, Morten rückte rechts nach. Clemens bot sich links an, lief aber ins Leere, der Ball prallte an einem Ludwigsbrücker ab, mitten in den Strafraum! Wo war Robert hergekommen (ja, der Stürmer, der gestern noch so viel Angst vorm Toreschießen hatte!)?

Ja.

Er schoss.

Tor. TOR!

Und Abpfiff.

EIN PAAR TAGE DANACH

Mittwochabend war das Rückspiel beim FC Fortuna. Heimspiel gegen AS International.

Ich freute mich darauf, unsere Freunde im Fernsehen zu sehen. Bror Blason war schon im Bild gewesen, ebenso Kramer, der Co-Trainer. Aber wo war Sergio Mavalli?

Wir saßen alle vor der Glotze. Martha auch, die musste allerdings gleich ins Bett.

Und nicht nur wir guckten, klar. Clemens wollte sich über den Laptop mit den Zocker-Zwillingen zusammenschalten. Einige aus der A-Jugend guckten im Vereinshaus bei Helmut mit der Mütze.

Und die Oma wollte zusammen mit Herrn Harr im Krankenhaus zuschauen.

Da war er tatsächlich: Sergio Mavalli trat hinter den

anderen Spielern vom FC Fortuna aus dem Gang aufs Spielfeld.

„Guck mal, da ist Hergio, Mama!"

Ein Raunen ging durch das Stadion. Ich bekam eine Gänsehaut, freute mich und wurde auch ein bisschen traurig. Das verstehe einer.

Sergio Mavalli drehte sich einmal um sich selbst, ganz langsam und klatschte in die Hände, den Fans auf den Tribünen zu. Er war ganz ernst.

Anpfiff, Gekicke am Mittelkreis, hin und her, eine Flanke, ein Schuss. Schade. So verging die erste Halbzeit und auch die zweite. Ich musste sogar einmal gähnen. Sergio Mavalli spielte nicht überragend, aber gut. (Wenn nicht, hätte ich doch ein schlechtes Gewissen gehabt. Schließlich hatte ich als sein Trainer die Verantwortung für ihn gehabt, zumindest für ein paar Tage.)

Dann allerdings, kurz vor Schluss: Der Ball war im Aus. Sergio ging, um einzuwerfen. Vorher hatte er immer die anderen werfen lassen.

Und jetzt?

Bevor er den Ball in die Hand nahm, machte er es. Tatsächlich! Er machte das Zeichen.

Er hakte die Zeigefinger ineinander und bildete mit den Daumen eine Kette, genauso, wie er es bei unserem Training gemacht hatte!

Außerdem begann er zu singen. Ich konnte es an seinen Lippen ablesen. *O sole mio!*

Applaus in unserem Wohnzimmer, ein Schauer rann über meinen Rücken.

Er nahm den Ball auf und warf, ein Geschoss wie eine Flanke. Der Stürmer erwischte es noch mit der Fußspitze. Der Torwart nicht.

Tor!

TOR!

Tor durch meinen Freund!!!

Wahnsinn. Jubel. Applaus.

Und ich musste dann doch ein bisschen weinen.

Das also war sie erst mal, meine Geschichte. Die Geschichte darüber, wie ich einmal aus Versehen den Wunderstürmer gekauft hatte.

Am Ende hörte alles damit auf, dass es zu Ende war.

Also jetzt.

Pfiff und Schluss.

Ocke Bandixen erzählt Geschichten, seit er denken kann. Geboren wurde er 1970 in Nordfriesland. Er hat Literaturwissenschaft studiert und arbeitet heute als Journalist beim Radio. Inzwischen lebt er in Hamburg, hat selbst viele Kinder und liest den jüngeren jeden Abend etwas vor. Fußball spielen kann er übrigens nicht besonders gut, das muss der Wunderstürmer erledigen!

Pascal Nöldner, geboren 1990 in Essen, ist freiberuflicher Illustrator von Comics, Kinder- und Jugendbüchern und Zeichner von Animationsfilmen. 2015 beendete er sein Designstudium mit dem Schwerpunkt Illustration an der Fachhochschule Münster mit dem Bachelor of Arts. Neben seiner gestalterischen Tätigkeit ist er freischaffender Schauspieler und Musiker.

FSC
www.fsc.org
MIX
Papier aus verantwortungsvollen Quellen
FSC® C014496

ISBN 978-3-7432-0276-4
4. Auflage 2021

Umschlag- und Innenillustrationen: Pascal Nöldner
Umschlaggestaltung: Michael Dietrich
Printed in the EU

www.lowe-verlag.de

Das will ich lesen!

Band 2: ISBN 978-3-7432-0277-1

Band 3: ISBN 978-3-7432-0278-8

Band 4: ISBN 978-3-7432-0715-8

Band 5: ISBN 978-3-7432-0716-5